AF200373

Werner Lauff

In Wirtschaft und Verwaltung;
Fotos und Videos professionell erstellen

Werner Lauff

ist Diplom-Jurist, Journalist, Autor und Dozent.

Er studierte Rechtswissenschaften und Journalismus in Münster, Paris, Saarbrücken und Bonn.

Während seines Studiums war er vier Jahre lang Wissenschaftlicher Assistent im Deutschen Bundestag.

Er war danach Geschäftsführer des Zeitungsverlegerverbandes NRW sowie bei der Funke-Gruppe und bei Bertelsmann.

Seit 2001 ist Lauff als Journalist und Dozent tätig.

Er ist Autor des Buches "Perfekt schreiben, reden, moderieren, präsentieren" (Verlag Schäffer-Poeschel, 2. Aufl. 2019)

Weitere Informationen unter www.lauff.org.

Werner Lauff

In Wirtschaft und Verwaltung:

Fotos und Videos professionell erstellen

Mit Geleitworten von
Tatort-Regisseur Tom Bohn (SWR)
und Fernsehreporter Rudolf Gilk (BR)

Mit zahlreichen Beispielen in einer PDF-Datei

www.justsoftskills.com

Bibliographische Information der Deutschen Nationalbibliothek: Die Deutsche Nationalbibliothek verzeichnet
diese Publikation in der Deutschen Nationalbibliografie;
detaillierte bibliographische Daten sind im Internet
unter http://dnb.dnb.de abrufbar.

© 2019 Werner Lauff
Herstellung und Verlag:
BoD - Books on Demand, Norderstedt

ISBN: 978-3-74-940895-5

Inhaltsverzeichnis

Bei Fotos und Videos aus Wirtschaft und Verwaltung kommen häufig handwerkliche Fehler vor. Dieses Buch will Sprecher und Mitarbeiter von Firmen und Behörden in die Lage versetzen, mit einfachen Mitteln und geringen Kosten Fotos und Videos in Profiqualität zu erstellen.

Heutzutage punktet man nur mit guten Stories und exzellenter Qualität. Das gilt auch für Fotos und Videos, die im Rahmen der Öffentlichkeitsarbeit aus Wirtschaft und Verwaltung kommen. Die Medien brauchen abdruck- und sendefähiges Material, das technisch gut ist und inhaltlich überzeugt.

Fotos und Videos werden zu relativ einfach einzusetzenden Kommunikationsinstrumenten. Allerdings ist die Technik nur die eine Seite. Es kommt darauf an, sie so zu beherrschen und so kreativ einzusetzen, dass die Ergebnisse aus der Vielzahl von audiovisuellen Angeboten hervorstechen.

Das Leben ist spannend und jeden Tag tut sich etwas. In Unternehmen und Betrieben genauso wie in Behörden und Institutionen. Vermarkten Sie diese Ereignisse aktiv! Es gibt mehr davon, als Sie denken.

Teil 1: Fotos erstellen

Im ersten Teil des Buches geht es um die Frage, wie Sie professionelle Fotos erstellen. Dazu brauchen Sie eine bestimmte Ausrüstung, sollten einiges über Fototechnik wissen und sich nicht zuletzt über die Bildgestaltung Gedanken machen.

Welche Ausrüstung benötigen Sie, um im Rahmen Ihrer Tätigkeit in Wirtschaft und Verwaltung technisch und gestalterisch eindrucksvolle Fotos zu erstellen? Mindestens eine Kamera, ein Objektiv, ein Stativ und eine Speicherkarte. Und noch ein wenig praktisches Zubehör.

Wenn es Ihnen darauf ankommt, in Sekundenschnelle Fotos und Videos in elektronischen und sozialen Medien zu veröffentlichen, ist das Smartphone unschlagbar und unverzichtbar. Für alles Andere aber brauchen Sie eine klassische Kamera. Die Gründe heißen Sucher, Sensor, Serienaufnahme, Nähe und Nachbearbeitung.

Die erste Frage lautet: Wie groß soll der Sensor Ihrer neuen Kamera sein? Dazu gibt es vier Möglichkeiten: Ein Zoll, Four Thirds, APC-C und Vollformat. Dann sollten Sie entscheiden, ob Sie eine Spiegelreflexkamera, eine Systemkamera, eine Bridgekamera oder eine Kompaktkamera bevorzugen.

Wenn Sie eine Bridgekamera oder eine Kompaktkamera einsetzen, brauchen Sie keine Objektive mehr; überspringen Sie dieses Kapitel einfach. Haben Sie sich aber für ein größeres Sensorformat entschieden, müssen Wechselobjektive her. Das Buch empfiehlt eine lückenlose Abdeckung der Brennweiten durch zwei sich ergänzende Zoom-Objektive.

Ihre Ausrüstung ist nun aber noch nicht komplett. Sie benötigen ein Stativ (Seite 37), Ersatzakkus und ein Ladegerät sowie eine Speicherkarte und ein Lesegerät (Seite 41). Anschließend packen Sie alles in Ihre Fototasche (Seite 45). Bevor Sie aufbrechen, nehmen Sie am besten noch ein paar Grundeinstellungen an Ihrer Kamera vor (Seite 46).

Entnehmen Sie der Kamera die *Rohprodukte* in RAW, um sie am Computer zu bearbeiten. Archivieren Sie von dort aus *Halbfertigprodukte* in TIFF. Erstellen Sie abschließend *Fertigprodukte* in JPG. Das sind die Empfehlungen in diesem Buch zum Fotoformat. Vor allem aber: Überlassen Sie die Bildbearbeitung nicht einem Automaten!

Eine Kamera lässt durch eine Linse in begrenztem Umfang Licht auf den Sensor. Die Blende beschränkt das Licht umfangmäßig, die Verschlusszeit bestimmt, wie lange Licht auf den Sensor fällt. Es gibt aber noch einen weiteren Parameter, die Sensorempfindlichkeit.

Neben der Vollautomatik verfügt Ihre Kamera über vier Modi. P steht für Programmshift, S steht für Shutter (Verschluss), A für Aperture (Blende) und M für Manuell. Dabei geht es um die einfache Frage, wer in diesen fünf Modi Einstellungen vornimmt: Sie oder die Kamera?

Lange Brennweite und offene Blende = geringe Schärfentiefe. Kurze Brennweite und / oder geschlossene Blende = hohe Schärfentiefe. Bei Portraits trifft sich das gut, weil die Menschen Bokehs mögen und nah dran ohnehin nicht ratsam ist.

Bei der Bewegungsunschärfe gilt Ähnliches wie bei der Schärfentiefe: Meist wollen Sie sie nicht, manchmal aber doch. Unbeabsichtigte Bewegungsunschärfe entsteht, wenn sich entweder das Motiv bewegt oder die Kamera. Beabsichtigte Bewegungsunschärfe ist gar nicht so einfach herstellbar, kann aber erstaunliche bis magische Effekte produzieren.

Fokussieren bedeutet, dafür zu sorgen, dass die Schärfe an der Stelle im Bild perfekt ist, die Sie für die bedeutendste halten. Dazu müssen Sie entscheiden: Fokussieren Sie manuell oder überlassen Sie das dem Autofokus? Soll der Autofokus einmal oder wiederholt tätig werden? Und wo genau soll er die Entfernung messen, die zur Grundlage der Fokussierung wird?

Mit der voreingestellten Mehrfeld-, Multi-Segment oder Matrixmessung fahren Sie in der Regel am besten. Schalten Sie die Zebra-Funktion ein, um schwer korrigierbare Überbelichtungen zu vermeiden. Machen Sie von der Möglichkeit Gebrauch, sich im "Life View" die Belichtung anzusehen und eventuell schon bei der Aufnahme Korrekturen vorzunehmen.

Der Faktor "Licht" hat große Bedeutung. Fotos in praller Sonne werden flach und kontrastarm. Gegenlicht bringt enorme Probleme. Beide Fotosituationen sind zu vermeiden, zumal der Einsatz rettender Blitzgeräte viele Nachteile hat. Hingegen sollten Sie über die Anschaffung eines akkugespeisten Videolichts und von Reflektoren nachdenken. Und etwas über den Weißabgleich wissen.

Es gibt ein paar einfache Ratschläge: Achten Sie darauf, dass Sie nicht selbst im Bild sind! Entdecken Sie Unerwünschtes im Bildhintergrund! Fotografieren Sie im Hochformat nur nach "Bestellung"! Verzichten Sie auf Marken- und Logo-Inszenierungen! Positiv ausgedrückt: Machen Sie keine langweiligen Fotos. Dazu hilft es, wenn Sie sieben "klassische" Bildgestaltungsregeln beachten.

Ein guter Fotograf ist wie ein guter Schiedsrichter beim Fußballspiel: Man bemerkt idealerweise gar nicht, dass er da ist. Leider gibt es unzählige Beispiele für das Gegenteil. Auch deswegen braucht man gute Technik.

Teil 2: Fotos entwickeln

Sind Sie nach dem Fototermin wieder im Büro, beginnt die Arbeit am Computer. Dazu benötigen Sie eine Software, die aus Ihren RAW-Dateien schrittweise perfekte Fotos macht. Zu fragen ist zunächst: Welche Software kommt dafür infrage? Und: Um welche Schritte handelt es sich?

Bei der Software hängt einiges davon ab, ob Sie Ihre Bilder auch verschlagworten und gelegentlich auch grafische Arbeiten erledigen wollen. Wenn ja, dürfte für Sie Adobes Creative Cloud Foto-Abo die richtige Lösung sein. Wenn es Ihnen vor allem ums Entwickeln geht, gibt es jede Menge Alternativen.

Sie können "Camera Raw", die gemeinsame RAW-Entwicklungs-Basis von Photoshop und Lightroom auch intuitiv einsetzen. Es empfiehlt sich aber, nach einem Standardplan vorzugehen - insbesondere, damit Ihnen Optionen für weitere Bildbearbeitungen nicht verloren gehen.

Bei der Bildbearbeitung ist die Entwicklung das eine; das andere sind Effekte, die über Lightroom hinausgehen und den Einsatz von Photoshop erfordern. Eines der interessantesten Potentiale von Photoshop ist die Arbeit mit Ebenen, insbesondere mit Einstellungsebenen.

Teil 3: Videos drehen

Dass der Videoteil des Buchs erst jetzt anfängt, hat seinen Grund. Nur wer die Fotografie beherrscht, kann gute Videos drehen. Das ganze Wissen, das Sie bis hierhin gesammelt (oder aufgefrischt) haben, brauchen Sie auch beim Videofilmen. Ob ISO, Blende, Fokus, Licht, Bildkomposition, das alles spielt bei Videoaufnahmen eine genau so große Rolle wie bei der Fotografie.

Internet-Frontal-Videos sind gang und gäbe und haben bei Schulungen oder Grußworten auch ihre Berechtigung. Im Fernsehen wird diese Form aber nur bei Aufsagern von Korrespondenten und bei Neujahrsansprachen eingesetzt. Ihr Maßstab sollte vielmehr die Fernseh-Dokumentation sein.

Meist wollen Sie als Mitarbeiter in Wirtschaft und Verwaltung nicht selbst als Erzähler auftreten, sondern andere Menschen in Originaltönen präsentieren. Die beste Methode dafür sind Interviews und Statements. Dabei entsteht ein Dreieck zwischen Ihnen, dem Gesprächspartner und der Kamera.

Bei Interviews haben Sie vier Optionen, den Ton aufzunehmen. Sie können den Interviewten verkabeln, ihn mit einer "Keule" befragen, sich ein Standmikro basteln oder den Ton "angeln". Dazu setzen Sie am besten ein spezielles Aufnahmegerät ein.

Je nach Bewegung des Motivs oder der Kamera unterscheidet man vier Möglichkeiten. Bei Variante 1 (Seite 130) bewegt sich nichts. Bei Variante 2 (Seite 131) gibt es eine dominante Bewegung des Motivs. Bei Variante 3 (Seite 132) bewegen Sie die Kamera, zum Beispiel auf einem Slider oder mit Hilfe eines Kamerakrans. Variante 4 (Seite 135) ist eine Kombination aus den Varianten 2 und 3.

Gerade für Videos, die in Wirtschaft und Verwaltung entstehen, sind Infografiken interessant. Aber kommen Sie bitte nicht auf den Gedanken, herkömmliche Powerpoint-Charts in den Film einzuklinken (was technisch problemlos möglich ist). Filme sind für Bewegtbilder, nichts als Bewegtbilder.

Sie haben nun die wesentlichen *Einstellungen* kennengelernt. Nun legen Sie die konkreten Einstellungen für Ihr Projekt fest und erstellen eine *Disposition* ("Dispo"). Wann drehen Sie wo welche Szenen? Daraus ergeben sich Anforderungen an das Equipment, das Sie am jeweiligen Tag benötigen.

Wollen Sie eine Videoaufnahme erstellen, treffen Sie zunächst die gleichen Entscheidungen wie beim Fotografieren. In Sachen Aufnahme und Ausgabe müssen Sie allerdings fünf Einstellungen vornehmen, die vorher nicht relevant waren. Die wichtigste Einstellung ist die Bildrate bei der Aufnahme.

Teil 4: Videos schneiden

Sie haben diverse Einstellungen mit 50 Bildern pro Sekunde gedreht sowie den Ton getrennt aufgezeichnet und kommen nun an Ihren Schreibtisch zurück, um ein Video daraus zu erstellen? Bravo! Sie sind fast am Ziel. Alles was Sie jetzt noch brauchen, ist eine Schnittsoftware auf Ihrem PC oder Mac.

Es gibt viele kommerzielle Programme, mit denen Sie Videos schneiden können. Eine Software allerdings sticht heraus: Da-Vinci Resolve vom australischen Unternehmen Blackmagic Design. Sie bietet alles, was Sie brauchen (sogar viel mehr), ist aber dennoch "abgespeckt" und daher kostenlos.

Ziehen Sie mit der Maus nun Ihre Aufnahme, zum Beispiel ein Interview, in die Timeline. Hier machen Sie aus Videos einzelne Clips, fügen sie zusammen, synchronisieren den Ton, legen Titeleinblendungen fest und führen Bildkorrekturen durch.

Ihre Timeline besteht nicht nur aus selbst gedrehten Videos, sondern auch aus Fotos, Screenshots, Powerpoint-Charts und Aufnahmen aus dem Screen-Recorder. Wollen Sie etwas vom Computer-Monitor abfilmen, brauchen Sie eine weitere Software, die aber kostengünstig erhältlich ist.

Generell schließen sich bei Dokumentarfilmen Szenen ohne Übergang (Überblendung) aneinander an. Es kann aber Fälle geben, in denen Sie solche Übergänge ganz bewusst einsetzen wollen. Langsames Ein- und Ausblenden, ein Zeitsprung oder Schnitte in Interviews sind typische Anwendungsfälle.

Jetzt wird es Zeit, an Text in Ihrem Video zu denken. Da gibt es zunächst die sogenannten Bauchbinden: Dabei wird der Name des Gesprächspartners eingeblendet. Wenn Sie wollen, können Sie auch Titel und Abspänne generieren. Dabei greifen Sie auf eine reichhaltige Bibliothek des Schnittprogramms zurück, deren Elemente Sie für Ihr Projekt anpassen.

Nun nehmen Sie den Ton aus Ihrem Audio-Aufnahmegerät als weitere Tonspur in die Timeline auf und platzieren diese Spur so, dass Bild und Ton lippensynchron sind. Jetzt ist auch die Zeit, weitere O-Töne, Atmo und vor allem Ihre Kommentierung aus dem Off einzufügen.

Und hier noch der letzte Schritt; er ist der einfachste. Entsprechend der oben bereits gegebenen Empfehlung exportieren Sie Ihr Video im Container-Format MP4 mit dem Codec H.264. Der Ton und die Untertitel werden (nach entsprechenden Einstellungen) in das Video mit aufgenommen.

Vertiefungen

Dieses Buch ist bewusst schmal und preiswert gehalten. Es enthält, was Sie für das Erstellen und Bearbeiten von Fotos und Videos in Wirtschaft und Verwaltung wirklich benötigen. Das kann man nun zum einen noch stärker auf Ihr Unternehmen und Ihre Behörde herunterbrechen; dazu gibt es Praxistrainings und Beratungsangebote. Zum anderen haben Sie die Möglichkeit, sich auf der Website justsoftskills.com mit weiteren Themen zu befassen, die hier den Rahmen gesprengt hätten.

Hinweise

Unter www.justsoftskills.com finden Sie Amazon-Links auf Produkte, die in diesem Buch empfohlen sind. Bestellen Sie über diesen Link, helfen Sie dem Autor, die Kosten für dieses und weitere Bücher niedrig zu halten. Mehrkosten für Sie entstehen nicht.

Das Buch ist ohne jede finanzielle Unterstützung entstanden. Insbesondere hat der Autor das eingesetzte Equipment einschließlich der verwendeten Software persönlich erworben und bezahlt.

Bitte ergänzen Sie bei einer Bezeichnung, die Sie als rein männlich empfinden, gedanklich die entsprechende weibliche Form. Das Buch meint mit "Fotografen" eigentlich "Fotografinnen und Fotografen" bzw. genderneutral "Fotografierende", mit "Videojournalisten " eigentlich "Videojournalisten und Videojournalistinnen", genderneutral "als Videojournalisten Tätige". Lesbarkeit und Platz waren die einzigen Gründe für die verkürzte Form.

Irgendeine Art von Haftung für mögliche Fehlinformationen in diesem Buch ist ausgeschlossen.

Alle abgebildeten Fotos: Copyright Werner Lauff.

Mehr vom Autor:

www.lauff.org
www.perfektmachen.de
www.justsoftskills.com

Einführung

Als Journalist bekommt man so einiges auf den Tisch. Dazu gehören grottenschlechte Presseerklärungen und nicht verwendbares Bildmaterial. Schätzungsweise 95 Prozent aller bei einer Zeitung eingehenden Fotos aus Wirtschaft, Vereinen und Verwaltung sind nicht abdruckfähig. Das liegt oft an handwerklichen Mängeln. Zu geringe Auflösung, zu hohe Kompression, zu wenig Abstand zum Motiv, Blitz statt höherer ISO-Wert, verwackelte Aufnahmen, störender Hintergrund. Aber noch öfter liegt das an kompletter Ideenlosigkeit. Menschen stellen sich in Gruppen auf und lachen in die Kamera, egal, worum es geht.

Bei Videos sind die handwerklichen Fehler meist noch größer. Da wird gezoomt und geschwenkt, was die Wipptaste hergibt. Statt den Ton am Motiv abzunehmen, hört man das Schnaufen des Kameramanns. Und die Totale übertüncht allzu oft, dass die Macher zum Geschehen gar nicht wirklich vordrangen. Am PC machen Videos dann Karriere durch dreidimensionale Titel, aerodynamische Überblendungen und O-Ton-ersetzende Kommentare aus dem Off, mit Echos aus dem Notebook-Mikrofon.

Dieses Buch versucht, das alles zu ändern. Es will Mitarbeiter von Firmen und Behörden in die Lage versetzen, Fotos und Videos in Profiqualität zu erstellen. Dabei wird unterstellt: Die Budgets sind begrenzt; das Equipment muss kostengünstig und universell (für Fotos und Videos) einsetzbar sein. Und: Nichts, was in diesem Buch steht, darf Teamarbeit voraussetzen, denn meist ist nur eine Person allein mit der Erstellung der Bilder oder Filme betraut.

Obwohl dieses Buch mit handwerklichen Themen beginnt, ist es kein technisches Buch. Es ist ein inhaltliches Buch, das die Technik mitumfasst und instrumentalisiert, um Geschehnisse spannend zu dokumentieren und Geschichten eindrucksvoll zu erzählen.

Es hat Menschen im Visier, die eine andere Hauptaufgabe haben als Fotos und Videos zu erstellen. Daher beschränkt es sich auf die effektivsten Tipps zum schnellen aber nachhaltigen Erfolg. Spitzenleistungen werden hier nicht verlangt. Aber deutlich mehr Qualität, das kriegen wir gemeinsam hin.

Werner Lauff
Landsberg, 2019

Geleitwort von
Tatort-Regisseur Tom Bohn (SWR)

Als Autor und Regisseur bei Film und Fernsehen weiß ich: Die Ansprüche des Publikums sind in den vergangenen Jahren erheblich gestiegen. Es gibt inzwischen unzählige Sender, On-Demand-Dienste und Plattformen, die die Aufmerksamkeit der Zuschauer und Nutzer für sich gewinnen wollen. In dieser vielfältigen Medienwelt punktet man nur mit guten Stories und exzellenter Qualität.

Das gilt auch für Fotos und Videos, die im Rahmen der Öffentlichkeitsarbeit aus Wirtschaft und Verwaltung kommen. Viele erreichen ihre Zielgruppe nicht, weil sie von Zeitungen, Sendeanstalten oder Plattformen gleich aussortiert werden. Die zweite große Schwelle ist die Ungeduld der Nutzer; sie lassen sich immer seltener auf Inhalte ein, die sie nicht innerhalb der ersten Sekunden fesseln. Leser, Hörer und Zuschauer sehen, klicken oder zappen schnell weg, wenn das, was ihnen präsentiert wird, nur Durchschnitt ist oder, wie man in der Branche sagt, nur "more of the same".

Deswegen ist es eine gute und spannende Idee von Werner Lauff, mit diesem Buch zur Verbesserung der Qualität von Fotos und Videos aus Wirtschaft und Verwaltung beizutragen. Die Budgets der meisten Redaktionen lassen kaum noch zu, Reporter zu jedem Ereignis zu schicken. Viele Medien erwarten Zulieferungen. Aber die meisten Unternehmenschefs, Behördenleiter und Pressesprecher haben nicht gelernt, wie man abdruck- und sendefähige Fotos und Videos erstellt, die technisch gut sind und inhaltlich überzeugen.

Ich wünsche Ihnen daher eine spannende und nutzbringende Lektüre, die Sie bei Ihrer kreativen Tätigkeit nachhaltig weiterbringt!

Tom Bohn
Landsberg, 2019

Geleitwort von
Fernsehreporter Rudolf Gilk (BR)

Dieses Buch kommt zur rechten Zeit. Fotos und Videos spielen in den Medien eine immer größere Rolle. Es gibt kaum noch eine Zeitung oder Zeitschrift, die nicht parallel zur herkömmlichen gedruckten Form reich bebilderte Websites und Auftritte in sozialen Medien hat. Auch Unternehmen und Organisationen vermitteln ihre Inhalte immer öfter mit Videos auf Plattformen wie YouTube.

Früher brauchte man für gute Bilder eine teure Ausrüstung. Videos in HD-Fernsehqualität waren mit erschwinglichem Equipment kaum herzustellen. Das ist heute anders. Die schwere Spiegelreflex wird durch leichte Systemkameras mit Wechselobjektiven und sogar Bridgekameras mit Zoomobjektiven ergänzt. Sie verfügen meist über größere Sensoren bis hin zum Vollformat, was auch Aufnahmen bei wenig Licht ermöglicht. Solche Kameras erstellen nicht nur gute Fotos, sondern - auf Stativen eingesetzt - auch technisch einwandfreie Videoaufnahmen.

Hinzu kommt: Es gibt inzwischen kostengünstige und sehr leistungsfähige Software zum Nachbearbeiten von Fotos und zum Schneiden von Videos samt Nachvertonung und Überblendung. Diese Programme laufen bereits auf durchschnittlichen PCs.

Darin liegt eine große Chance. Fotos und Videos werden zu relativ einfach einzusetzenden Kommunikationsinstrumenten. Allerdings ist die Technik nur die eine Seite. Es kommt darauf an, sie so zu beherrschen und so kreativ einzusetzen, dass die Ergebnisse aus der Vielzahl von audiovisuellen Angeboten hervorstechen. Sonst führt die neue Freiheit in der Summe zu weniger Qualität.

Deswegen ist das Buch von Journalismus-Profi Werner Lauff geradezu eine Notwendigkeit. Sein Anliegen ist, dass auch Fotos und Videos aus Wirtschaft und Verwaltung hohen Ansprüchen genügen. Diesen Wunsch kann man nur unterstützen.

Rudolf Gilk
Landsberg, 2019

Seien Sie bereit!

Das Leben ist spannend und jeden Tag tut sich etwas. In Unternehmen und Betrieben genauso wie in Behörden und Institutionen.

In Unternehmen und Betrieben

Auszubildende haben ihren ersten Arbeitstag. Mitarbeiter scheiden nach vielen Jahren aus. Andere haben Jubiläum. Ein neuer Chef nimmt seine Arbeit auf. Die Firma gewinnt Preise. Sie akquiriert neue Großkunden. Sie feiert einen runden Geburtstag. Eine ausländische Besuchergruppe ist da. Eine neue Maschine wird angeliefert. Ein weiteres Produkt ist entwickelt und wird vermarktet. Die Jahresbilanz ist noch erfreulicher als sonst. Eine Veranstaltung mit Gastrednern steht an. Das Unternehmen ist mit einem großen Stand auf der Messe präsent. Eine neue Halle wird in Betrieb genommen.

Das sind nur einige Beispiele für Ereignisse, die etwas Besonderes im Alltag von Firmen darstellen. All diese Ereignisse sind es wert, dass man sie festhält und mitteilt. Seien Sie bereit dazu! Nutzen Sie die Gelegenheit, in den Tages- und Wochenzeitungen der Region präsent zu sein. Versorgen Sie Fachzeitschriften mit Text und Bild. Ermöglichen Sie Ihrer Kammer und Ihrem Verband, über das Ereignis zu berichten. Publizieren Sie Bilder und Videos in den sozialen Medien, zum Beispiel bei Facebook und Twitter. Pflegen Sie das Ereignis in Ihre Website ein. Halten Sie es für künftige Broschüren und den Abruf durch die Presse fest. Nutzen Sie es für Chroniken und Jahresrückblicke.

Fotos und Videos sind dazu unverzichtbar. Bilder schaffen Emotionen, die ein Text kaum generieren kann. Bilder erzählen Geschichten. Bilder sind Einladungen zum Sich-Mitfreuen und Sich-Identifizieren. Bilder schaffen Offenheit. Bilder sind neben Arbeitgebermarken wichtige Instrumente im Kampf um Talente. Bilder bleiben in den Köpfen der Menschen ganz lange präsent.

Lassen Sie keine Gelegenheit aus, Ereignisse medial zu begleiten. Dazu reicht es schon lange nicht mehr aus, Einladungen an die Medien zu versenden. Journalisten und Fotografen, die ihnen tatsächlich folgen, werden kaum ihr Bildmaterial zur Verfügung stellen, erst recht nicht zur Veröffentlichung in anderen Medien. Und in ganz vielen Fällen werden die Chefredakteure von Zeitungen und Zeitschriften sowie die Journalisten, die sich um Publikationen der Kammern und Verbände kümmern, niemanden zu Ihnen entsenden, sondern um eine Presseerklärung samt Foto bitten. Bei Facebook, Twitter, dem Administrator Ihrer Website und vielen anderen "neuen" Medien gilt ohnehin: Publizieren ist keine Hol-, sondern eine Bringschuld.

Ebenso wenig können Sie darauf setzen, den Jahresbericht, die Unternehmensbroschüre, die Website, die Chronik oder den Katalog mit "Stockfotos" zu füllen, jenen Bildern, die spezialisierte Firmen wie Adobe zu Tausenden bereithalten und deren Abdruckrechte Sie kaufen können. Viele dieser Fotos wirken unrealistisch und gekünstelt. Immer wieder finden sich die gleichen Bilder auf den Seiten verschiedener Unternehmen. Und meist passen die Abbildungen "atmosphärisch" nicht.

Natürlich können Sie mit Profis zusammenarbeiten und sie engagieren. Bei großen Ereignissen, etwa Veranstaltungen für

Kunden, empfiehlt sich das sogar. Sie brauchen dabei ohnehin gut funktionierende Technik. Außerdem ist es wenig sinnvoll, wenn Pressesprecher oder sogar leitende Mitarbeiter vor den Kunden mit der Kamera herumlaufen. Das wäre ein falsches Signal für die Teilnehmer: Der ist "Hiwi".

Aber was ist mit all den anderen Gelegenheiten? Denjenigen, die Sie nicht vorausplanen können? Die unterhalb der Schwelle liegen, ab der man Aufträge nach außen vergeben kann? Dann sind Sie gefordert.

Gleiches gilt auch für den immer relevanter werdenden Bereich der Lehr- und Erklärvideos. Inzwischen fragen Menschen fast reflexartig, ob es zu einem Thema nicht ein YouTube-Video gibt. Imagefilme, Produktvorstellungen, Messeberichte, Unpacking-Videos und ganze Schulungen - etwa bei Udemy - werden immer öfter genutzt.

Hier gilt allerdings: Das klassische "Herzlich willkommen bei unserem Unternehmensfilm" oder "Heute zeigen wir Ihnen, wie man unseren RT 200 bedient" bringt eher negative Reaktionen. Das Video muss modern rüberkommen, Spaß machen und die Qualität des Produkts sowie die Attraktivität des Unternehmens technisch und inhaltlich widerspiegeln.

In Behörden und Institutionen

Auch in Behörden und Institutionen gibt es viele Anlässe, die es verdienen, in Bild und Ton festgehalten zu werden.

Das gilt ganz besonders in den Gemeinden, Städten und Landkreisen. Da gibt es den berühmten ersten Spatenstich. Die Eintragung ins Goldene Buch. Die Besuchergruppe aus der

Partnerstadt. Die Eröffnung einer Ausstellung im Museum. Die Einweihung eines städtischen Gebäudes. Aktivitäten an den Schulen und Berufsschulen. Auszeichnungen von Bürgern für ehrenamtliche Tätigkeit. Nicht zuletzt auch personelle Veränderungen in der Verwaltung selbst.

Aber auch dort, wo scheinbar nicht so viel Berichtenswertes passiert wie auf kommunaler Ebene, gibt es Ereignisse, die es wert sind, in den Medien oder den eigenen gedruckten und elektronischen Publikationen vorzukommen. Fast immer sind dazu nicht nur Texte, sondern auch Bilder erforderlich. Fotos und Videos sind heutzutage feste Bestandteile des Mediendesigns; Nachrichten ohne Foto oder Video sind meist gar nicht mehr vorgesehen. Und gerade für Behörden und Institutionen, die vielleicht nicht per se auf automatische Akzeptanz stoßen, gilt, dass ein Bild - mehr als tausend Worte - Verständnis, Bindung, Respekt und Vertrautheit generieren kann.

Auch in Behörden und Institutionen ist übrigens das Video unterrepräsentiert. Warum stellt man nicht mal die Abteilungsleiter in 90-Sekunden-Interviews vor? Wie wäre es mit einer Videoreportage über die landkreisweite Müllabfuhr; lassen Sie doch mal eine HD-Kamera vorne und hinten am Auto mitfahren. Zeigen Sie die Arbeit eines Lebensmittelkontrolleurs bei der Prüfung und im Labor. Gehen Sie mit dem Experten des Denkmalschutzes in das Gebäude, das er sich gerade anschaut.

Wenn Ihnen das bekannt vorkommt: Dokumentationen dieser Art sehen sich Menschen im Fernsehen mit Vergnügen und nahezu unermüdlich an. Die Welt ist voller Voyeure. Sie brauchen nicht darauf zu warten, bis n-tv bei Ihnen vorbeikommt. Sie können mediale Präsenz im "neuen" (YouTube & Co.) Fernsehen selbst herstellen.

Teil 1: Fotos erstellen

Dieses Buch gliedert sich in vier Teile. Es geht

- in Teil 1 darum, wie Sie Fotos professionell erstellen,
- in Teil 2 darum, wie Sie diese Fotos optimieren,
- in Teil 3 darum, wie Sie professionelle Videos drehen und
- in Teil 4 darum, wie Sie diese Videos schneiden.

Um das Buch so günstig wie möglich herstellen zu können, enthält es keine farbigen Seiten. Viele der hier schwarzweiß abgedruckten Bilder finden Sie größer und in Farbe in einer PDF-Datei unter der Adresse www.justsoftskills.com.

Welche Ausrüstung brauchen Sie?

Sprechen wir zunächst darüber, welche Ausrüstung Sie benötigen, um im Rahmen Ihrer Tätigkeit in Wirtschaft und Verwaltung in dem zuvor beschriebenen Umfang Fotos zu erstellen. Da wir annehmen, dass Sie zumindest gelegentlich auch Videos aufnehmen werden, diskutieren wir im Folgenden ausschließlich über Kameras, die sowohl für Fotos wie auch Videos geeignet sind.

Reicht nicht das Smartphone?

Die erste Frage, die zu beantworten ist, lautet: Reicht denn dazu nicht mein Smartphone aus? Die Antwort ist zweigeteilt. Ja, Kameras von Smartphones werden immer besser. Sie kombinieren mehrere Linsen und nehmen Bildbearbeitungen im

Hintergrund vor. Damit bekommen Sie durchaus unter günstigen Bedingungen ein gutes Ergebnis.

Hinzu kommt, dass der Workflow bei Handys optimiert ist: Sie publizieren ein Foto innerhalb von Sekunden auf Facebook oder anderen Plattformen wie Blogs. Automatische Uploads etwa zu Google Fotos, One Note oder Dropbox führen dazu, dass die Bilder an anderer Stelle, zum Beispiel von Ihren Kollegen im Büro, sofort weiterbearbeitet werden können.

In dieser Hinsicht ist der Fotoapparat mit seiner Speicherkarte, die man in einen Kartenleser einschiebt, oder seinem Datentransfer via USB dem Smartphone hoffnungslos unterlegen. Tatsächlich kann man sich fragen, ob die Hersteller von Kameras, nehmen Sie beispielsweise Canon und Nikon, die keine eigene Smartphone-Sparte haben, darauf nicht zügig reagieren sollten. Es könnte für sie geradezu lebenswichtig sein, ähnliche Intelligenz und Connectivity in ihre Kameras einzubauen.

Zwar gibt es von allen Herstellern Apps, die mit dedizierten WLAN-Verbindungen Fotos auf Smartphones kopieren und die Steuerung der Kamera ermöglichen. Aber in der Praxis erweisen sich solche Apps als nicht besonders tauglich. Allzu oft funktioniert die Übertragung nicht richtig. Außerdem ist die WLAN-Datenverbindung des Smartphones in dieser Zeit nicht nutzbar.

Also: Wenn Sie unterwegs sind und es Ihnen darauf ankommt, in Sekundenschnelle Fotos und Videos in elektronischen und sozialen Medien zu veröffentlichen, ist das Smartphone unschlagbar und unverzichtbar. Deswegen empfiehlt es sich auch, dass Sie sich mit den Optionen vertraut machen, die Ihnen die Kamera-App Ihres Smartphone-Modells bietet.

Nun kommt das "Aber". Wenn es um Fotos und Videos geht, die nicht sekundenschnell "on air" gehen sollen, geht an einer guten Kamera kein Weg vorbei.

- Sie können mithilfe eines hochauflösenden Suchers den Fokus exakt positionieren.

- Sie kommen aufgrund höherer Sensorgröße auch mit wenig Licht zurecht und können später Ausschnitte aus dem Foto erstellen.

- Sie können bei Portraits (besonders wichtig bei Gruppen) mit hoher Serienbildgeschwindigkeit fotografieren, so dass Sie anschließend mindestens ein Foto haben, bei dem alle Beteiligten die Augen offen haben.

- Sie kommen mit Tele- oder Zoomobjektiven viel näher ans Geschehen ran, ohne vor der ersten Reihe herumturnen zu müssen.

- Sie haben bei guten Kameras, die Bilder im RAW-Format erzeugen, viel mehr Optionen der Nachbearbeitung.

Und, ein wichtiger Aspekt: Die Gefahr, dass das Foto misslingt, ist bei professionellen Kameras gering. Machen Sie großartige Fotos und Videos mit dem Smartphone, werden alle Ihre Chefs und Kollegen sagen: Da sieht man mal, wie leistungsfähig heute so ein Smartphone ist. Gelingen die Fotos oder Videos aber nicht, wegen Unschärfe, Verwackler, zu viel Rauschen oder misslungener Freistellung des Motivs, wird man sagen: Warum hat man denn da das Smartphone benutzt? Ist alles ok, sind Sie ein Profi. Klappt etwas nicht, sind Sie ein Amateur.

Aus beiden Gründen - Leistungsfähigkeit und Sicherheit - gehen die Hersteller davon aus, dass es noch eine glorreiche Zukunft für hochwertige Kameras mit umfassenden Zoom- oder vielfältigen Wechselobjektiven geben wird. Und das gilt besonders angesichts der Qualitätsanforderungen, die sich aus der heutigen medialen Vielfalt ergeben; gerade deswegen brauchen Sie eine Kamera, die Ihnen Spielraum verschafft.

Welche Kamera sollten Sie kaufen?

Natürlich die teuerste. Zum Beispiel eine Sony Alpha 9, eine Nikon D 850, eine Leica SL oder eine Canon EOS 1D X Mark 2. Stopp, greifen Sie noch nicht zur Firmenkreditkarte - das war ein Scherz. Sie würden sich mit diesen Anschaffungen, die Sie über Jahre abschreiben müssen, nur Probleme schaffen. Sprechen wir lieber mal über *Kriterien* für Ihren Kamerakauf.

Erste Entscheidung: Welcher Sensor?

Die erste Frage lautet: Wie groß soll der Sensor Ihrer neuen Kamera sein? Dazu gibt es im Prinzip vier Möglichkeiten. Unter einem Ein-Zoll-Sensor sollten Sie nämlich nicht einsteigen.

Sie können sich für eine Kamera mit Ein-Zoll-Sensor entscheiden, zum Beispiel einer Panasonic DMC-FZ 1000 Bridgekamera (Straßenpreis 540 Euro) oder einer handlichen Sony RX 100 VI (1.150 Euro). Auf der folgenden Seite sehen Sie die Größe des Sensors im Vergleich. Der Ein-Zoll-Sensor ist der in der Mitte. Er misst 13,2 mal 8,8 Millimeter. Sie merken vermutlich: Der Sensor heißt nur so; mit einem Zoll (2,54 cm) hat er nichts zu tun. Die Bezeichnung ist historisch und geht auf Zeiten der Elektronikröhren zurück.

Gehen wir weiter nach außen (von klein zu groß), folgt als nächstes der Micro FourThirds-Sensor (MFT), der beispielsweise in der Panasonic DC-GH5, einer spiegellosen Wechselobjektivkamera, verbaut ist (Straßenpreis ohne Objektiv 1.545 Euro). Die Maße sind 17,3 mal 13 mm.

Stufe 3: Der APS-C-Sensor, zum Beispiel in der Sony Alpha 6300 eingesetzt, ebenfalls einer spiegellosen Wechselobjektivkamera (Straßenpreis ohne Objektiv 720 Euro). Der Sensor ist 22,2 mal 14,8 mm groß.

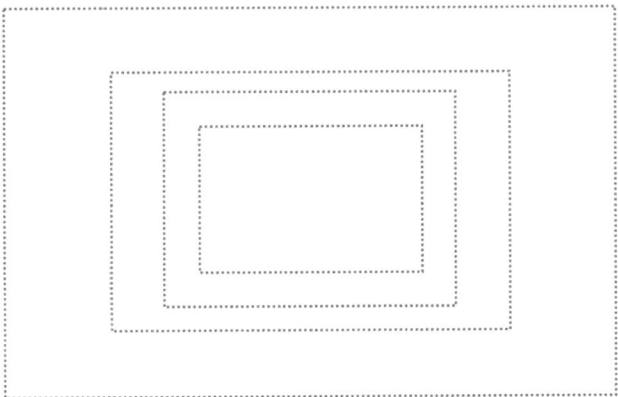

Das Maximum (vom unerschwinglichen Mittel- oder Großformat abgesehen) ist - Stufe 4 - der Vollformatsensor, den Sie zum Beispiel in der Alpha 7 III (auch 7M3 genannt) von Sony finden (ohne Objektiv 2.234 Euro). Der Sensor ist so groß wie ein Kleinbildfilm-Foto: 36 mal 24 mm.

Das Vollformat hat drei Vorteile:

- Bei gleichem Objektiv (!) generiert der Vollformat-Sensor mehr Bildinhalt. Das bedeutet auch, dass Vollformat-Sensoren aus Weitwinkel-Objektiven das Optimum herausholen; das ist gut fürs Fotografieren von Landschaften, Gebäuden oder riesigen Maschinen.

- "Mehr Bild" heißt auch: Mehr Möglichkeiten, später Ausschnitte zu erstellen.

- Der größere Sensor erlaubt eine höhere ISO-Einstellung, so dass auch lichtschwächere Szenen rauscharm aufgenommen werden können.

Sollte man daher quasi automatisch zur teuren Vollformatkamera greifen? Eher nicht. Ausschnitte kann man mit dem Einsatz des richtigen Objektivs bereits beim Fotografieren bilden; man braucht nicht "alles" aufzunehmen, um dann nur "einiges" aus dem Bild zu verwerten. Und die höhere ISO-"Filmempfindlichkeit" ist begrüßenswert; leichtes Rauschen lässt sich aber auch später am PC wegrechnen.

Wer fotografisch eher universell unterwegs ist, ist daher mit einer preisgünstigeren Kamera aus der APS-C-Sensorklasse oder sogar einer Kamera mit Ein-Zoll-Sensor besser bedient, zumal zum hohen Preis des Vollformat-Bodys ja noch der Preis der Objektive dazukommt. Und da reden wir, das sei schon mal angedeutet, noch einmal über rund 1.800 Euro.

Das Zwischenfazit: Schauen Sie sich doch mal im APS-C-Bereich oder sogar bei den Ein-Zoll-Kameras um. Sie dürften in aller Regel ausreichen und zudem besser zu Ihrem Budget passen. Die besten Spiegelreflexkameras mit APS-C-Sensor sind,

Testergebnissen zufolge, die Nikon D500 und die Nikon D7500. Die besten Systemkameras mit APS-C-Sensor sind die Fujifilm X-H1 und die Sony Alpha 6500.

Spiegelreflex, System, Bridge, Kompakt

Es gibt noch weitere Kriterien für Ihren Kamerakauf. Parallel sollten Sie die Entscheidung treffen, ob Sie eine Spiegelreflex- kamera, eine Systemkamera, eine Bridgekamera oder eine Kompaktkamera erwerben wollen, jeweils aus der Ein-Zoll- oder APS-C-Sensorklasse.

Zur Spiegelreflexkamera kann man heute eigentlich nicht mehr rater. Diese Kameras sind, etwas drastisch ausgedrückt, Geräte von gestern. Die spiegellosen Kameras mit Wechsel- objektiven, also die "Systemkameras", sind sehr viel kleiner und leichter.

Bleiben Kompakt-, Bridge- und Systemkameras. Eine Preis- frage ist das nur bedingt. Schauen wir auf die Sony-Welt. Die beste Kompaktkamera des Herstellers, die RX 100 VI mit Ein- Zoll-Sensor, kostet 1.150 Euro. Die beste Bridge-Kamera, die RX 10 M4 mit Ein-Zoll-Sensor, geht für 1.650 Euro über den Ladentisch. Für die nach wie vor sehr attraktive Systemkamera Alpha 6300 (APS-C) mit einem 18 bis 135er-Objektiv müssen Sie 1.260 Euro zahlen. Das ist, grosso modo, ähnlich.

―――――

Unter www.justsoftskills.com finden Sie Amazon-Links auf Pro- dukte, die in diesem Buch empfohlen sind. Bestellen Sie über die- sen Link, helfen Sie dem Autor, die Kosten für dieses und weitere Bücher niedrig zu halten. Mehrkosten entstehen für Sie nicht.

Ein Ansatzpunkt für Ihre Wahl ist die Entscheidung zwischen Spitzenqualität und Handhabbarkeit. Legen Sie Wert darauf, eine Immer-Dabei-Kamera zu haben, eine, die Sie in einer Kameratasche an Ihrem Gürtel befestigen können und mit der Sie keine Aufnahmesituation mehr verpassen? Dann greifen Sie zu einer Kompaktkamera. Die Sony RX 100 VI ist dann für Sie das beste Angebot, wenn Sie Wert auf eine lange Brennweite legen (der Zoombereich geht bis 200 mm). Können Sie mit einem Drittel dieses Wertes leben, schauen Sie sich die Sony RX 100 V an, die eine offenere Blende ermöglicht.

Möchten Sie eine Kamera für alle Zwecke haben, bei der Sie keine Objektive wechseln müssen, und die gleichzeitig einen hohen Zoombereich hat? Dann fassen Sie Bridgekameras ins Auge. Brauchen Sie ein Zoom von 600 Millimetern? Dann kommt im Grunde nur die Sony RX 10 M4 für 1.650 Euro in Frage. Reichen 400 Millimeter, können Sie auch die Panasonic LZ-1000 (die trotz Nachfolgemodells immer noch verkauft wird) für knapp 600 Euro in Betracht ziehen. Beide Kameras haben einen Ein-Zoll-Sensor. Allerdings hat die LZ-1000 nur einen eingeschränkten Blendenumfang bis maximal Blende 8.

Sind Ihre Ansprüche an die Bildqualität höher und schätzen Sie es, dass Sie lichtstarke und für die Situation passende Objektive verwenden können, dann werfen Sie einen Blick auf die Sony Alpha 6300 (nicht die 6400 und nicht die 6500; die sind "nice to have", aber nicht notwendig).

Sie können Ihrem Chef oder Finanzchef ja mal diese Liste gestaffelt nach dem Grad der Professionalität vorlegen. Der Preis für die System- und die Vollformatkamera setzt sich übrigens aus dem Preis für den Body plus *zwei* Objektiven zusammen.

Kompakt	1.150 Euro	gute Qualität
Bridge	1.650 Euro	bessere Qualität (Zoom!)
System	2.500 Euro	exzellente Qualität
Vollformat	4.000 Euro	beste Qualität

Weitere Anforderungen

Die folgenden weiteren Anforderungen brauchen Sie im Grunde nur zu lesen, wenn Sie sich nicht für eine der oben genannten Lösungen entscheiden; die erfüllen die Voraussetzungen nämlich spielend.

- Sie brauchen eine Kamera mit hoher Serienbildgeschwindigkeit; unter zehn Fotos pro Sekunde sollten Sie nicht gehen. Der Grund liegt vor allem im Bereich "Gruppenportrait". Fast immer hat jemand die Augen zu oder schaut gerade woanders hin. Wenn Sie vor eine Gruppe treten und in schneller Folge 20 oder 30 Aufnahmen machen, ist die Wahrscheinlichkeit größer, dass eine davon passt. Außerdem stehen Sie dann nicht endlos vor der Gruppe und rufen: Noch eine Aufnahme bitte, jetzt alle mal *Cheese*. Zweiter Grund ist die Verwacklungsunschärfe. Wenn Sie auf den Auslöser drücken, kann es sein, dass Sie die Kamera leicht bewegen. Machen Sie aber zehn bis 20 Aufnahmen hintereinander, ist die Bewegung beim dritten oder vierten Bild nicht mehr spürbar.

- Sie brauchen eine Kamera mit einem Sucher. Ein Display auf der Kamerarückseite allein reicht nicht. Das ist schwer ablesbar, wenn es hell ist. Außerdem löst ein Sucher besser auf als ein Display; Sie erkennen leichter, welche Bildteile scharf und welche unscharf sind. Viele Kameras bieten im Sucher eine Menge Zusatzinformationen. Zum Beispiel lassen sich Überbelichtungen durch ein

Zebra-Muster darstellen. Scharfe Kanten (genauer: Kanten, auf die Sie scharf gestellt habe) werden rot markiert. Natürlich sehen Sie auch Blende, Zeit und alle anderen Werte. Der Sucher ist wie ein Instrumenten-Cockpit im Flugzeug. Wer mit dem Display arbeitet, fliegt auf Sicht.

- Sie brauchen eine lichtstarke Kamera. Sie muss dazu erstens ein Objektiv oder mehrere Objektive haben, die viel Licht durchlassen - je kleiner der Blendenwert, umso mehr ist das gegeben. Aber: Es kommt auch sehr stark aufs Rauschverhalten an. Wenn Sie die Kamera noch bis ISO 1600 oder 3200 oder höher problemlos einsetzen können, ohne anschließend zu viel Rauschen zu sehen, dann gleicht sich damit auch eine Lichtreduzierung durch das Objektiv aus. Fairerweise muss man noch einen dritten Faktor erwähnen: Ein guter Bildstabilisator führt dazu, dass man auch bei nicht ausgenutzten ISO-Spielraum mit längeren Belichtungszeiten aus der Hand fotografieren kann. Letztlich bleibt nur eine Möglichkeit: Lesen Sie die Testberichte, die Sie zu jeder Kamera im Internet finden, und achten Sie besonders auf die Angaben zum Fotografieren bei schlechtem Licht.

Übrigens brauchen Sie nicht unbedingt eine Kamera mit einem Touchscreen. In der Praxis ist es sogar gefährlich, wenn Sie mit klammen Fingern versuchen, auf einem winzigen Bildschirm noch schnell letzte Einstellungen vorzunehmen. Sie werden sich an die Knöpfe auf dem Kamerabody gewöhnen und damit Einstellungen vornehmen, ohne hinzuschauen.

Die Objektive

Wenn Sie eine Bridgekamera mit dem Brennweitenbereich 24 bis 600 (Sony RX 10 M4) oder 25 bis 400 (Panasonic FZ-1000) oder eine Kompaktkamera mit dem Brennweitenbereich 24 bis 200 (Sony RX 100 VI) einsetzen, können Sie diesen Abschnitt überspringen. Sie brauchen keine Objektive mehr. Haben Sie sich aber für ein größeres Sensorformat und damit beispielsweise für die Sony Alpha 6300 entschieden, müssen Sie nun festlegen, welche(s) Objektiv(e) Sie kaufen.

Erster Tipp: Wechselobjektiv-Kameras werden oft im "Bundle" mit einem Standardobjektiv verkauft. Sie können aber auch nur den Body der Kamera erhalten. Prüfen Sie, ob Sie dieses Standardobjektiv wirklich benötigen oder es vielleicht direkt in der Schublade landet. In diesem Fall kaufen Sie einfach nur den Body und das Objektiv Ihrer Wahl.

Vielleicht haben Sie es schon bemerkt: Der Autor neigt nicht dazu, Ihnen professionelles Fotografieren mit einer nicht professionellen Ausrüstung zu empfehlen. Deswegen fällt der Rat zum Objektivkauf hier auch umfassend aus. Nehmen wir an, Sie besitzen eine APS-C-Kamera wie die Alpha 6300, 6400 oder 6500. Dann wäre folgende Kombination optimal:

- Sony SEL-18135, ein Zoom-Objektiv mit dem Brennweitenbereich von 18 bis 135 mm. Die Lichtstärke ist 3,5 bis 5,6. Das Objektiv ist für APS-C vorgesehen. Es hat einen eingebauten Bildstabilisator. Der Straßenpreis liegt bei 570 Euro.

- Sony SEL-70300 G, ein Zoom-Objektiv mit dem Brennweitenbereich von 70 bis 300 mm. Die Lichtstärke ist 4,5 bis 5,6. Das Objektiv ist für Vollformatkameras vorgesehen. An APS-C-Kameras muss die Brennweite mit 1,5 multipliziert werden, das heißt sie beträgt in diesem Fall 105 bis 450. Das Objektiv hat einen eingebauten Bildstabilisator. Der Straßenpreis liegt bei 1.200 Euro.

Auf diese Weise haben Sie die gesamte Brennweite von Weitwinkel (18) bis Tele (450) mit nur zwei Objektiven an Bord. Zugegeben: Wenn Sie eine Alpha 6300 hinzurechnen, sind Sie, wie oben schon mal angedeutet, bei 2.500 Euro. Allerdings ist das trotzdem das günstigste Angebot auf dem Markt; Irrtum vorbehalten. Wenn Ihnen, Ihrer Firma oder Behörde das zu teuer sein sollte, steigen Sie mit dem ersten der beiden Objektive ein, dem 18 bis 135. Dann sind Sie etwa beim halben Preis.

Jetzt setzen wir noch ein wenig Luxus drauf. Sollten Sie sich für beide Objektive entscheiden, überlegen Sie doch einmal, ob Sie nicht einen zweiten Body dazukaufen. Beim Videofilmen empfiehlt sich ohnehin der Einsatz von zwei Kameras, damit Sie spannende Schnittfolgen erhalten. Jeder Objektivwechsel birgt das Risiko, das Staub auf den Sensor kommt. Deswegen geht es hier auch um Kamerapflege und Werterhalt. Wenn Sie das Objektiv nicht mehr wechseln müssen, bleibt der Sensor staubfrei.

Wenn Sie Ihr Objektivglas gegen Kratzer schützen sollen, können Sie einen UV-Filter aufschrauben; achten Sie dazu auf den Objektivdurchmesser in Millimetern. Da es für die meisten Objektive aber Sonnenblenden gibt, ist diese Maßnahme meist entbehrlich.

Das Fotozubehör

Wenn Ihre neue Kamera samt Objektiv in Ihrem Büro einge-
troffen ist, können Sie gleich eine weitere Bestellung aufge-
ben. Sie brauchen nämlich einiges an Fotozubehör.

Ein Stativ, ein Stativ

Zwingend erforderlich ist ein dreibeiniges Universalstativ.
Zum einen, weil Videoaufnahmen ohne Stativ praktisch un-
denkbar sind; selbst bei einer Videokamera, die Aus-der Hand-
Filmen verspricht (der noch in den Kinderschuhen steckenden
Osmo Pocket mit eigenem Gimbal zum Ausgleich von Bewegungen), lautete die erste Anmerkung aller Tester: Der notwendige Stativanschluss fehlt!

Zum anderen, weil es auch beim Fotografieren viele Situationen gibt, in denen Sie ohne Stativ nicht auskommen:

- Sie belichten lange, um Geschwindigkeit zu dokumentieren oder Tiefenschärfe zu erzielen, wegen der dann möglichen kleinen Blende (gleich große Blendenzahl).

- Sie setzen eine lange Brennweite ein, um entfernte Motive abzulichten.

- Sie steuern die Kamera per Funk fern.

- Sie machen mehrere Fotos, die Sie nachher am PC übereinanderlegen wollen, etwa um durchgängige Schärfe zu
erhalten oder andere Effekte zu erzielen.

- Sie fotografieren in der Dunkelheit.

Immer dann muss die Kamera zwingend aufs Stativ. Bei der Auswahl sollten Sie drei Aspekte besonders beachten.

- Mit welchem Gewicht ist das Stativ belastbar? Den benötigten Wert ermitteln Sie aus der Summe des Gewichts Ihrer Kamera, Ihres (größten) Objektivs und des Zubehörs, das an der Kamera befestigt ist.

- Welche Arbeitshöhe soll das Stativ haben? Die bequemste Arbeitshöhe ist die, bei der Sie durch den Sucher der Kamera schauen können, ohne sich bücken oder in die Knie gehen zu müssen. In der Regel sollten 1,60 Meter ausreichen, denn es kommt noch die Höhe des Stativkopfs hinzu.

- Hat das Stativ ein akzeptables Gewicht? Je weniger es wiegt, desto öfter werden Sie es einsetzen.

Es gibt noch einen anderen Aspekt, der für die Nutzung in Wirtschaft und Verwaltung aber nicht so relevant ist. Wenn Sie Makro-Aufnahmen planen, muss sich das Stativ so umbauen lassen, dass Sie nah am Boden fotografieren können.

Bitte beachten Sie: Einige Stative werden ohne Stativkopf verkauft. Der erlaubt es aber erst, die Kamera in den unterschiedlichen Achsen zu bewegen. Sie benötigen daher einen kompatiblen Stativkopf, idealerweise mit einer Schnellwechselplatte. Die bleibt an der Kamera fixiert, so dass Sie vor dem Fotografieren oder Filmen die Kamera nicht auf aufs Stativ aufschrauben müssen, sondern einfach einrasten können.

Ist das Budget begrenzt und werden Sie mehr Videos drehen als Fotos machen, können Sie auch überlegen, ein Videostativ zu kaufen. Videostative haben zwar zwei Nachteile: Sie sind deutlich schwerer und für Aufnahmen im Hochformat ungeeignet (was beim Filmen ja nicht vorgesehen ist). Dafür sind sie verhältnismäßig preiswert (das abgebildete No-Name-Stativ aus China kostet nur 120 Euro) und haben meist einen Fluid-Kopf, mit dem Sie die Kamera in der Waagerechten und Senkrechten sanft bewegen können.

Haben Sie einmal kein Dreibeinstativ dabei, befürchten aber aufgrund zu langer Belichtungszeiten ein Verwackeln der Aufnahme, können Sie sich manchmal auch damit helfen, dass Sie die Kamera "auflegen", zum Beispiel in der Kirche auf eine Kirchenbank positionieren oder nachts auf die Steinmauer einer Brücke legen (dabei sollten Sie vorsichtshalber eine Hand in der Kameraschlaufe lassen). Wenn Sie dabei den Selbstauslöser einsetzen (bei dem es keine Verwacklungsunschärfe gibt), kann das Foto immer noch gelingen. Später dazu mehr.

Besteht keine Möglichkeit zum Auflegen, hilft ein leichtes Einbeinstativ; so brauchen Sie keine Kirchenbank und keine Brücke. Das sollte dann aber wirklich sehr leicht sein (am besten so um die 300 Gramm), damit Sie es immer dabeihaben können. Selbstverständlich muss es auf eine geringe Länge reduzierbar sein.

Nun noch eine kleine Zugabe in Sachen Stativ. Für einen sehr niedrigen Preis gibt es bei Amazon Stativklemmen (suchen Sie nach "Clamp"), die Sie an Tischen, Schränken oder Straßenlaternen anklemmen können. Auch das ist eine Möglichkeit, Ihre Kamera kurzzeitig zu fixieren. Das sieht beim Termin übrigens immer sehr cool aus.

Diese Klemmen können Sie auch nutzen, um ein Aufnahmegerät am Rednerpult zu befestigen, wenn Sie für Videos den Ton abnehmen. Auch dazu später mehr.

Ersatzakkus und Ladegerät

Man glaubt es nicht, aber die meisten Hersteller liefern zu einer Kamera nur einen Akku und kein externes Ladegerät. Ist der Akku leer, sollen Sie den Fotoapparat per USB-Kabel mit einem Ladegerät verbinden. Das ist Unsinn. Zum einen sollten Sie nie ohne zweiten Akku zum Termin gehen, insbesondere nicht, wenn es draußen kalt ist (dann entlädt sich der Akku schneller) oder Sie Videos produzieren wollen (dann zieht die Kamera mehr Strom). Außerdem ist der Fotoapparat für die Zeit des Aufladens lahmgelegt. Und schließlich tut es ihm nicht gut, wenn Sie einmal täglich die durchaus empfindliche USB-Buchse benutzen.

Sie brauchen also einen oder mehrere Ersatzakkus sowie ein externes Ladegerät. Das muss nicht unbedingt Original-Equipment sein. Zwar sollte man generell mit Akkus und Ladegeräten aufpassen; manchmal sind sie nicht sorgfältig hergestellt und gefährlich. Aber Sie finden im Internet erfahrene und auch gut bewertete Zweitakkuhersteller, bei denen das Risiko gering ist. Generell gilt: Laden Sie nie Geräte oder Akkus auf, wenn Sie nicht im Haus sind. Daher ist es auch keine gute Idee, ein Ladegerät im Büro über Nacht arbeiten zu lassen.

Speicherkarte und Lesegerät

Natürlich brauchen Sie auch eine passende Speicherkarte für Ihre Kamera. Sie wird ebenfalls sehr häufig nicht mitgeliefert. Bei Speicherkarten müssen Sie zunächst auf die Form achten - brauchen Sie eine SD-Karte oder eine Micro-SD-Karte? Die nächste Frage zielt auf die Speicherkapazität. Hier gilt im Prinzip "je mehr desto besser". Greifen Sie am besten zu einer SDXC-Karte. Selbst wenn Sie "nur" in HDTV filmen (und nicht in 4K/UHD), erfordert eine Minute Video 600 Megabyte. Das heißt eine Karte mit 32 GB ist in 50 Minuten voll. Denken Sie daher eher an eine Kapazität von 128 GB.

Nun müssen Sie noch auf die Geschwindigkeit der Karte achten. Das geht ganz einfach, wenn Sie die minimale (!) Schreibgeschwindigkeit einer Karte kennen. Die sollte bei 30 Megabyte pro Sekunde liegen, wenn Sie Full HD-Videos machen wollen. Sie sollte 60 Megabyte pro Sekunden für 4K-Videos betragen. Und sie sollte 90 MB pro Sekunde schaffen, wenn Sie schon für 8K-Videos gerüstet sein wollen.

Leider geben Hersteller oft nicht die minimale Geschwindigkeit an, sondern fügen zu dem aufgedruckten Wert (zum

Beispiel 95 MB/s) ein Sternchen hinzu. Wer meint, jetzt gebe es also auch schon Kleingedrucktes auf SD-Karten, täuscht sich: Auf der Karte ist das Sternchen nirgendwo erklärt. Es soll "bis zu" bedeuten, womit die Angabe praktisch entwertet wird.

Besser ist daher, sich an den Klassen zu orientieren. Allerdings gibt es drei Klassenarten und Verkäufer neigen dazu, immer den höchsten Wert zu nennen: "Die hat Klasse 10, mehr geht nicht". Lassen Sie sich dadurch nicht irritieren. Schauen Sie zunächst auf eine römische Zahl auf der Karte. Die kann I, II oder III lauten. Das steht für UHS-I, UHS-II und UHS-III. UHS ist die Abkürzung für Ultra High Speed. UHS-III lassen wir mal weg; damit wären Sie Ihrer Zeit weit voraus.

UHS-I und UHS-II-Karten gibt es in unterschiedlichen Ausprägungen, nämlich U1, U3, V6, V10, V30, V60 und V90. Das ist einfach zu verstehen: Die U-Werte kennzeichnen UHS-1-Karten mit 10 MB/s (U1) oder 30 MB/s (U3). Die V-Werte werden bei UHS-II-Karten verwendet; dabei geht es von 6 MB/s (V6) bis 90 MB/s (V90) aufwärts. In allen Fällen handelt es sich um die minimalen Werte, keine "bis zu"-Angabe.

Einige Kameras, auf der Vorseite im Bild die Alpha 7RM3, haben zwei Speicherkartenslots - in diesem Fall ist Slot 2 für eine UHS-I-Karte und Slot 1 für eine UHS-II-Karte vorgesehen. Sie können nun entscheiden, ob Sie Slot 1 für Videos und Slot 2 für Fotos einsetzen oder beide Karten zum Aufzeichnen einsetzen, um ihre Fotos zu sichern.

Wie vorhin festgelegt, sind generell zu empfehlen

- 30 MB/s-Karten (also UHS-I U3 oder UHS-II V30), wenn Sie regelmäßig im HDTV-Bereich bleiben und nur gelegentlich 4K-Videos aufzeichnen

- 60 MB/s-Karten (also UHS-II V60), wenn Sie überwiegend 4K-Videos aufzeichnen und später in 8K wechseln wollen.

Eine UHS-I U3 Karte mit 128 GB erhalten Sie bereits für 40 Euro. Eine UHS-II V60 Karte mit 64 GB kostet um die 90 Euro. Allerdings muss Ihre Kamera den UHS-II-Standard unterstützen. Das ist bei der Sony Alpha-Serie erst ab der Alpha 7M3 der Fall. Im Vollformatbereich ist es wahrscheinlich, dass die Kamera UHS-II unterstützt, im Bereich darunter derzeit noch eher nicht. Zwar können Sie eine UHS-II-Karte in einer solchen Kamera betreiben; sie bringt aber keinen Vorteil.

Im Hinblick auf das Auslesen der Karten gilt Ähnliches wie bei den Akkus. Sie können die Kamera über ein USB-Kabel an Ihren PC anschließen, aber der Transfer würde viel zu lange dauern. Sie brauchen daher einen externen Kartenleser. Achten Sie darauf, dass Sie keinen USB-2.0-Leser erwerben; da dauert die Übertragung bis zu 43-mal länger als bei einem

USB 3.0 oder USB 3.1-Lesegerät. Einen Kartenleser dieser Klasse gibt es schon für wenige Euro.

Als weiteres Zubehör empfiehlt sich eine Handschlaufe, die Sie davor schützt, dass Sie die Kamera versehentlich fallen lassen. Stabile Handschlaufen bekommen Sie im Handel und im Internet für wenige Euro. Manchmal liegt einer Kamera auch eine dünne Handschlaufe bei. Aber die etwas breiteren sind viel komfortabler, schneiden nicht ins Fleisch und sehen richtig professionell aus. Anders übrigens als Umhängegurte, bei denen die Kamera vor Ihrem Bauch hängt; die sind mega-out.

Was sich auch noch lohnt, ist eine Fernbedienung für die Kamera. Die ist schon deswegen sinnvoll, weil die Fernauslösung jede Art der Verwacklungsunschärfe vermeidet; der Auslöser an der Kamera ist ja gar nicht mehr im Spiel. Das kann man zwar auch anders herbeiführen, nämlich durch den Selbstauslöser. Aber mit dem Selbstauslöser schießen Sie keine Serienaufnahmen und es dauert auch viel zu lang, bis die nächste Aufnahme erfolgen kann.

Haben Sie nur das gerade geschilderte Szenario im Auge, reicht ein kabelgebundener Fernauslöser für einige Euro - beachten Sie, dass Sie den für Ihre Kamera passenden Auslöser erwerben. Es gibt aber auch die Möglichkeit eines Funkauslösers, der etwas teurer ist. Funkauslöser (die faktisch auch Selbstauslöser sind, weil die kleine Funksteuerung in Ihrer Hand gar nicht auffällt), ermöglichen Ihnen beispielsweise, die Kamera irgendwo hinzustellen und von einer ganz anderen Stelle aus zu bedienen. Sie sind oft auch in der Lage, Intervallaufnahmen zu machen, beispielsweise einen ganzen Tag lang - ideal für die Dokumentation des Fortschritts einer Baustelle.

Dass Sie einen Funkauslöser brauchen, um die Aufnahme einer Videokamera in Gang zu setzen, ist allerdings ein Märchen. Sie werden ohnehin die ersten Sekunden Ihrer Aufnahme wegschneiden (schon wegen des Auslösergeräuschs), dann spielt es auch keine Rolle mehr, wenn die Kamera etwas längeren Vorlauf hat. Will heißen: Sie können die Kamera ganz in Ruhe einschalten und dann zur Aufnahmeposition schlendern.

Fototasche oder -rucksack

Haben Sie nun vor sich

- Ihre Kamera

- mit aufgesetztem Objektiv

- angebrachter Handschlaufe

- aufgeladenem Akku und

- eingesetzter Speicherkarte

und

- ein etwaiges zweites Objektiv,

- Ihr Dreibein- und - ggf. - Einbeinstativ

- Ihr(e) Ersatzakku(s)

- Ihr Akkuladegerät

- Ihren Kartenleser

- Ihren Fernauslöser

dann ist damit zugleich das beschrieben, was Sie in Ihre Fototasche oder Ihren Fotorucksack packen sollten.

Für welche der tausend Möglichkeiten Sie sich dabei auch entscheiden. Wichtig ist, dass Sie Ihre Kamera vor fremdem Zu-
griff geschützt ist und Sie sie schnell und sicher einsetzen können, ohne zig Riemen und Schlaufen zu lösen. In der
Website www.justsoftskills.com erhalten Sie dazu Empfehlungen.

Erste Einstellungen

Bevor Sie nun das erste Ereignis per Foto oder Video dokumentieren, sollten Sie noch ein paar Einstellungen an der Kamera vornehmen.

- Ist die Firmware Ihrer Kamera aktuell? Im Kameramenu
  können Sie ablesen, welche Firmware installiert ist (in der
  Sony Alpha unter Menu 6: Version). Im Internet finden
  Sie die aktuelle Version. Da viele Kamerafunktionen
  Firmware- (gleich Software-) Funktionen sind, kann es
  einen großen Unterschied machen, welche Version installiert ist.

- Stellen Sie das Datum und die Uhrzeit ein sowie außerdem, ob gerade Sommer- oder Winterzeit gilt. Wählen Sie
  im Kameramenu Ordnerbezeichnungen, die aus dem Auf-
  nahmedatum gebildet werden (in der Sony Alpha unter
  Menu 6: Ordnername: Datumsformat). Dann sehen Sie
  später auf einen Blick, von welchem Tag die Aufnahmen
  stammen.

- Haben Sie mehrere Kameras, können Sie zur Speicherung
  der Bilder oft einen "Vorsatz" definieren, zum Beispiel

"KamA" für Kamera A und "KamB" für Kamera B. Dieser Vorsatz wird dann Bestandteil des Dateinamens (in der Sony Alpha unter Menu 6: Dateinamen einstellen).

- Geben Sie unter Urheberrechtsinfos den Namen Ihrer Firma oder Behörde und Ihren Namen sowie eine E-Mail-Adresse ein. Diese Angaben werden dann zusammen mit dem Foto gespeichert. Wer an einem Abdruck Ihres Fotos Interesse hat, kann sich dann bei Ihnen melden.

Auf der Website www.justsoftskills.com finden Sie eine komplette Tabelle der Einstellungen, die der Autor an seiner Alpha 6300 vorgenommen hat. Die meisten davon werden später noch beschrieben. Hier eine Kurzfassung mit den wichtigsten Einstellungen zum sofortigen Loslegen.

- Bildgröße L:24M = größtes Bildformat, nicht weniger!

- Seitenverhältnis 3:2 = wie Sensor-Seitenverhältnis!

- Qualität RAW = keine Fotobearbeitung durch die Kamera!

- Dateiformat Video XAVC S HD = Videos in HDTV!

- Aufnahmeeinstellung 50P50M = mit 50 Bildern pro Sekunde = bessere Qualität für spätere Zeitlupe

- Bildfolgemodus Serie Hi+ = Immer Serienbildaufnahme!

- Blitzmodus Aufhellblitz = Allenfalls Aufhellblitz einsetzen!

- Rote-Augen-Reduzierung Aus = erfolgt am PC!

- Fokusmodus DMF = Manuelle Autofokus-Korrektur möglich!

- Fokusfeld Mitte = Sie entscheiden, wo der Fokus liegt!

- AF-Hilfslicht Aus = Keine störenden Lichter bitte!

- ISO 100 = Grundeinstellung! Muss immer angepasst werden.

- Messmodus Multi = Helligkeit im ganzen Bild messen!

- Weißabgleich Auto = Kunst kommt ggf. später am PC!

- Steady Shot Ein = Bildstabilisator einschalten!

- Audioaufnahme ein = Bei Video Ton aufzeichnen!

- Zebra 100+ = Überbelichtungen schon im Sucher anzeigen!

- MF-Unterstützung Ein = Bildvergrößerung für manuelle Fokussierung!

- Gitterline 6x4 Raster = Bessere Bildaufteilung ermöglichen!

- Bildkontrolle Aus = Bilder nicht ansehen, gleich weiter!

- Kantenanhebungsstufe Mittel = scharfe Kanten anzeigen!

- Kantenanhebungsfarbe Rot = in der Farbe rot!

- Geräuschlose Aufnahme Aus = Verschlussgeräusch ein!

- Signaltöne Aus = Keine störenden Töne (Autofokus)!

- Zoom-Einstellung Nur optischer Zoom = Kein Digitalzoom!

RAW, TIFF oder JPG?

Bevor Sie die ersten Fotos machen, sollten Sie einen Plan haben, in welchem Format Sie die Ergebnisse bearbeiten, archivieren und publizieren wollen. Eine Faustformel lautet:

- Entnehmen Sie der Kamera die *Rohprodukte* in RAW, um sie am PC zu bearbeiten.

- Archivieren Sie vom PC aus *Halbfertigprodukte* in TIFF, weil Bilder in diesem Format verlustfrei mit Zusatzinformationen wie Pfaden gespeichert werden.

- Erstellen Sie zum Publizieren vom PC *Fertigprodukte* in JPG, weil dies das Universalformat für abschließend bearbeitete Bilder ist.

Wenn Sie nun an dieser Stelle ausrufen: "Klasse, meine Kamera kann JPG", dann wäre das zu kurz gedacht. Gemeint ist nicht das "Kamera-JPG", sondern "Ihr JPG". Wenn Sie die Weiterverarbeitung Ihrer RAW-Fotos der (doch begrenzten) Kameraintelligenz überlassen, wird das in vielen Fällen nicht zu einem optimalen Ergebnis führen. Eine Software wie Adobe Photoshop, Adobe Lightroom, DxO Photo Lab, Luminar oder Capture One kann die Entwicklung Ihres Fotos viel besser erledigen als die Kamera und sich dabei an Ihren Wünschen orientieren.

Man könnte es so ausdrücken: Kamera-RAW verhält sich zu Kamera-JPG wie Selber Kochen zu Fertiggericht. Entnehmen Sie Ihrem Fotoapparat gleich das entwickelte JPG, dann können Sie am PC zwar immer noch etwas verändern, aber bei Weitem nicht mehr so zielgerichtet wie beim RAW-Format.

Versuchen Sie mal, im vorgekochten Linseneintopf die Kartoffeln zu salzen!

Es gibt tatsächlich Fotobücher, die ellenlange Betrachtungen darüber anstellen, was dafürspricht, die Kamera die Foto-Entwicklung vornehmen zu lassen. Da heißt es: RAW verbraucht auf der Speicherkarte und der Festplatte viel Platz. Der Fototransfer von Kamera oder Speicherkarte zu PC geht langsamer. Manche Speicherkarten kommen bei RAW-Serienaufnahmen ins Stottern. Und RAW-Dateien kann man nicht sofort verschicken oder ins Internet hochladen.

Das ist alles richtig, aber heute nicht mehr relevant. Sie haben eine gute Speicherkarte, genug Platz auf der Festplatte und wenn Sie Fotos sofort verschicken wollen, setzen Sie sowieso Ihr Smartphone ein.

In Wirtschaft und Verwaltung fotografieren Sie ja nicht zum Spaß. Sie wollen hervorragende Ergebnisse, die abdruckfähig sind. Gegenüber früher - Stichwort: Dunkelkammer - ist die Entwicklung eines Fotos am PC zudem ein Kinderspiel. Wenn Sie nur einmal in den nächsten Jahren von einem Termin zurückkommen und wegen schlechten Lichts befürchten, dass Ihr CEO im Schatten steht, und ihn dann durch gezielte Aufhellung zum Strahlen bringen, werden Sie dem Autor dieses Buches für seinen Rat, die Kamera auf RAW-Fotos einzustellen, die Füße küssen.

Nein, das RAW-Bild enthält einfach mehr Informationen und mehr Möglichkeiten der Bearbeitung. Sie werden es schon bei den ersten Fotos sehen: Plötzlich zaubern Sie aus dem Einheitsgrau des Himmels Kumulus-Wolken hervor. Plötzlich machen Sie Bildrauschen so unsichtbar, als hätten Sie jedes

Korn selbst ausradiert. Plötzlich spendieren Sie dem blausti-
chigen Bild durch nachträglichen Weißabgleich natürliche
Farben. Also:

- in RAW bearbeiten
- in TIFF archivieren
- in JPG publizieren

und nichts davon der beschränkten Kameraintelligenz überlassen, das ist die Empfehlung dieses Buchs.

Das Thema ist hier bereits relevant, weil Sie der Kamera mitteilen müssen, in welchem Format sie aufnehmen soll. Übrigens bieten manche Kameras die Möglichkeit an, zusätzlich zu
RAW-Bildern auch JPGs zu speichern. Eine Notwendigkeit
dazu gibt es meist nicht. Aber Sie können die Funktion ja mal
einsetzen, um das Kamera-JPG mit Ihrem fertigen JPG zu vergleichen.

Ebenfalls in den Einstellungen der Kamera legen Sie fest, in
welchem Bildformat und in welcher Größe die RAW-Fotos erstellt werden sollen. Wählen Sie die höchste Größe und das
Format, das der Form Ihres Bildsensors entspricht. Der Four-
Thirds-Sensor hat, wie der Name schon sagt, das Format 4 zu
3. Alle anderen Sensoren, also der Ein-Zoll-Sensor, der APS-
C-Sensor und der Vollformatsensor haben das Format 3 zu 2.

Die Entscheidung für das RAW-Format führt dazu, dass Sie
"Spezialprogramme" Ihrer Kamera ignorieren können. Auch
Ihr Apparat wird wahrscheinlich Modi haben wie "Portrait",
"Outdoor", "Candle Light" oder Ähnliches. Alle diese Pro-
gramme produzieren direkt fertige JPG-Dateien.

ISO, Blende, Zeit

Während des Fotografierens und Filmens müssen Sie sich in technischer Hinsicht eigentlich nur noch um drei Aspekte kümmern, um die dafür aber immer. Diese Aspekte heißen ISO, Blende, Zeit.

Achtung: Sollten Sie Ihre Kamera nur für Videos einsetzen, ist dieser Abschnitt für Sie dennoch in vollem Umfang relevant. Denn das ist gerade das Schöne an Fotoapparaten im Vergleich zu Handycams, dass Sie nämlich auch beim Filmen ISO, Blende und Zeit beeinflussen können, was zum Beispiel zu Bokeh-Effekten wie im Kino führt.

Lassen Sie uns zunächst klären, was eine Kamera überhaupt macht. Sie lässt durch eine Linse in begrenztem Umfang Licht auf den Sensor. Der Sensor ist das, was früher der Film war. Die Blende begrenzt das Licht umfangmäßig, die Verschlusszeit bestimmt, wie lange Licht auf den Sensor fällt.

- Wieviel Licht auf den Sensor fällt, hängt davon ab, welche Blende und welche Zeit Sie wählen.

Beide Werte multiplizieren sich sozusagen. Stellen Sie sich mal vor, Sie wollen die Zahl 12 durch Multiplikation erreichen. Das können Sie mit verschiedenen Faktoren tun: $12 = 2 \times 6$. Oder $12 = 6 \times 2$. Oder $12 = 4 \times 3$. Und so weiter.

Bei der Belichtung eines Fotos gehen Sie analog vor. Sie stellen so etwas ein wie:

- offene Blende, kurze Belichtungszeit,

- geschlossene Blende, lange Belichtungszeit oder

- mittlere Blende, mittlere Belichtungszeit.

Jede dieser Optionen führt zur *gleichen Belichtung*, aber zu einer *anderen Darstellung* der Motive auf dem Foto.

Eine offene Blende stellt Objekte und Personen frei, führt aber bei längerer Brennweite auch zu einer geringen Schärfentiefe. Eine kurze Belichtungszeit verringert die Gefahr des Verwackelns und friert Bewegungen ein, lässt bewegte Motive aber auch statisch erscheinen. Später mehr dazu.

Jetzt kommt aber noch eine dritte Komponente ins Spiel. Vielleicht erinnert sich der ein oder andere an die Zeit der Fotografie mit dem Rollfilm. Den konnte man damals in mehreren Empfindlichkeiten kaufen. Bei einem empfindlicheren Film brauchte man weniger Licht. Gängig waren die Werte 21 und 27 DIN. Diese deutsche Bezeichnung entsprach dem internationalen 100 und 400 ASA. Heute spricht man nicht mehr von ASA, sondern von ISO.

Nehmen wir mal an, Sie sind in einer dunklen, historischen Bibliothek mit Holz-Wandvertäfelung und möchten aus einiger Entfernung bei einer Veranstaltung Ihres Unternehmens mit einem Teleobjektiv zwei Musiker abbilden, die leicht versetzt hintereinander ihre Instrumente spielen.

Um nicht den einen Musiker scharf und den anderen unscharf abzubilden, was den unscharf abgebildeten herabsetzen und den scharf abgebildeten in den Mittelpunkt rücken würde, wünschen Sie sich eine halboffene Blende.

Je geschlossener die Blende desto höher ist die Schärfentiefe. Je offener die Blende desto geringer ist die Schärfentiefe. Übrigens Schärfentiefe und Tiefenschärfe sind exakt das Gleiche.

Nun zeigt Ihnen aber Ihre Kamera an: Bei diesem schlechten Licht bräuchten Sie, um das Bild bei einer halboffenen Blende (sagen wir mal Blende 8) korrekt zu belichten, eine Belichtungszeit von 1/15 (einer Fünfzehntel) Sekunde. Das ist viel zu lang, um mit einem Teleobjektiv aus der Hand zu fotografieren; Sie würden die Aufnahme verwackeln. Aber auch ein Stativ würde nichts bringen, denn die Musiker bewegen sich ja ebenfalls.

Gäbe es nun nicht die Möglichkeit, die notwendige Lichtmenge durch Erhöhung der Filmempfindlichkeit gleich Sensorempfindlichkeit (ISO) zu reduzieren, dann müssten Sie jetzt nach Hause gehen. Sie bräuchten den Auslöser gar nicht erst zu betätigen; das wird nix.

Wenn man weniger Licht braucht, kann man entweder die Blende weiter schließen oder die Zeit verringern oder Veränderungen an beiden Werten vornehmen. In unserem Beispiel würden Sie jetzt den ISO-Wert so weit erhöhen, dass (bei Blende 8) eine akzeptable Zeit, beispielsweise von 1/125 Sekunden, herauskommt.

In der Praxis geht man meist andersherum vor. Schon beim Betreten der Location würden Sie den wahrscheinlich besten ISO-Wert für diese Situation einstellen. In der dunklen Bibliothek würden Sie wahrscheinlich von vornehrein einen ISO-

Wert von 1600 oder 3200 einstellen. Fotografieren Sie hingegen auf dem Firmengelände in ein paar Augenblicken eine Besuchergruppe im Sonnenlicht, dann sollten Sie den ISO-Wert auf 100 heruntersetzen, wenn es geht sogar noch tiefer. Denn bei viel Sonnenlicht würde ein hoher ISO-Wert dazu führen, dass selbst die kürzeste Verschlusszeit und die geschlossenste Blende Ihrer Kamera nicht verhindert, dass das Bild überbelichtet ist. Der Merksatz lautet: Kommst Du zur Location rein, stellst Du als erstes ISO ein!

Jetzt kommt allerdings ein ABER. Wenn man so einfach den ISO-Wert erhöhen kann, vielleicht sogar auf 12800 oder 25600 oder 51200 oder 102400, dann gelingt ja belichtungstechnisch jedes Foto. Ja, belichtungstechnisch ist das korrekt. Aber schon früher galt: Je höher die Filmempfindlichkeit, umso mehr Korn. Heute spricht man nicht mehr von Körnung, sondern von (Bild-) Rauschen. Je mehr ISO, desto mehr Rauschen. Je weniger ISO, umso weniger Rauschen.

Schauen Sie mal auf die Seite 31 des zum Buch gehörenden PDF (herunterzuladen unter www.justsoftskills.com) und vergrößern Sie die Ausgabe stark. Sehen Sie: Das ist Rauschen.

Diese Aufnahme ist mit einem langen Teleobjektiv entstanden (70 bis 300 bei 300 mm). Da es sich um ein Vollformatobjektiv auf APS-C handelt, betrug die wirkliche Brennweite sogar 450 mm. Um bei dieser Brennweite keinen Verwackler zu produzieren, stellte der Fotograf ISO 2500 ein, damit die Kombination Blende 5,6 (weiter offen geht bei diesem Objektiv nicht) und 1/100 Sekunde (bildstabilisiert) möglich wurde. Hätte er nicht ISO 2500 eingestellt, wäre diese Aufnahme aus der Hand nicht mehr möglich gewesen. Sie sehen also: Es geht nicht immer nur um schlechtes Licht. Es kann auch andere Gründe geben, um den ISO-Wert heraufzusetzen.

Aber zurück zum Rauschen. Auf der Seite 32 des PDF sehen Sie das Ergebnis, nachdem die PC-Software eine Rauschreduzierung vorgenommen hat. Das Rauschen ist praktisch weg. Da es sich um eine starke Vergrößerung handelt, sieht man allerdings auch das leichte Verschwimmen der Konturen, trotz gleichzeitiger Schärfung.

Sie stellen den ISO-Wert bei Ihrer Kamera meist mit einer speziellen Taste ein; Sie brauchen dazu nicht ins Menu.

P, A, S, M

Wie aber beeinflussen Sie nun Blende und Zeit? Es gibt fünf Einstellungen an Ihrer Kamera. Sie heißen meist P, A, S und M; außerdem gibt es ein grünes Symbol für den Modus Vollautomatik. P steht für Programmshift, S steht für Shutter (Verschluss-, also Belichtungszeit), A für Aperture (Blende) und M für Manuell.

Es ist ganz einfach, diese fünf Optionen zu verstehen. Es geht nämlich um die Frage, wer in diesen fünf Modi Einstellungen vornimmt: Sie oder die Kamera (Kam)?

	Auto	P	A	S	M
ISO	Kam	Sie	Sie	Sie	Sie
Blende	Kam	Kam	Sie	Kam	Sie
Zeit	Kam	Kam	Kam	Sie	Sie

Stellen Sie die Kamera auf Voll-Automatik (meist mit Auto oder iA gekennzeichnet), können Sie keinen der drei Parameter selbst beeinflussen.

Stellen Sie die Kamera auf P, sind Sie für ISO zuständig; eine passende Blende-/Zeitkombination stellt die Kamera für Sie ein. Sie können aber einen sogenannten "Programmshift" vornehmen. Erinnern Sie sich an unser Beispiel mit dem Produkt 12. Jemand schlägt Ihnen vor, das Produkt aus 4 x 3 zusammenzusetzen. Sie antworten aber: Nein, ich bevorzuge 3 x 4. So geht das auch hier.

Sie wollen bei ISO 400 eine Espressotasse fotografieren. Die Kamera steht auf P und schlägt Ihnen Blende 7,1 und 1/200 Sekunde vor. Drehen Sie nun am Programmrad, können Sie eine passende Kombination wählen, die das gleiche Produkt (die gleiche Belichtung) herstellt, also zum Beispiel Blende 6,3 und 1/250 Sekunde oder Blende 5,6 bei 1/400 Sekunde oder (Stativ und Fern- oder Selbstauslöser!) Blende 13 bei 1/60 Sekunde.

Das ist immerhin schon etwas. So können Sie Blende und Zeit frei wählen; der Fotoapparat ist insofern nur Ihr Assistent. Deswegen gilt der Rat:

• Fotografieren Sie nicht mit der Automatik, sondern mindestens mit P. Stellen Sie den ISO-Wert ein und machen Sie vom Programmshift Gebrauch!

Die Einstellungen A, S und M sind im Grunde selbsterklärend. Bei A kümmern Sie sich um die Blende, die Kamera um die Zeit; Ihnen ist also eine ganz bestimmte Blende wichtig. Bei S kümmern Sie sich um die Zeit und die Kamera um die Blende;

Ihnen ist also eine ganz bestimmte Verschlusszeit wichtig. Bei M regeln Sie beides; das ist allerdings nur dann sinnvoll, wenn Ihre Kamera trotzdem irgendwie die korrekte Belichtung anzeigt.

Blendenwerte

Noch zu einer Merkwürdigkeit. Bei der Belichtungszeit ist es ziemlich klar, dass 1/125 Sekunde kürzer ist als 1/60 Sekunde. Bei der Blende aber ist es keineswegs klar, dass eine Blende 1,4 oder 2,8 mehr Licht durchlässt als eine Blende 8 oder 11.

- Eine kleine Blende hat eine große Öffnung und lässt mehr Licht durch.

- Eine große Blende hat eine kleine Öffnung und lässt weniger Licht durch.

Das liegt daran, das die Blendenwerte eigentlich Nenner eines Bruchs sind, bei denen die eingestellte Brennweite der Zähler ist.

Da Sie im Alltag keine Lust auf Bruchrechnung haben und es letztlich ja stets um den Lichteinfall geht, arbeiten Sie vielleicht am besten mit den Begriffen "große Blendenöffnung" und "kurze Belichtungszeit" oder umgekehrt.

Jetzt haben Sie verstanden, *wie* Sie Blende und Zeit beeinflussen können. Die wichtige Frage, *warum* Sie das eigentlich tun sollten, ist aber bislang nur angerissen.

Parameter "Schärfentiefe"

Was bewirkt nun die Blendenöffnung? Beginnen wir zunächst mit einem Zwischenschritt:

Je größer die Öffnung, umso kleiner ist der Schärfebereich.
Je kleiner die Öffnung, umso größer ist der Schärfebereich.

Achtung: Noch nicht merken! Das ist nur ein Zwischenschritt. An einem geringen Schärfebereich (an einer geringen Tiefenschärfe gleich einer geringen Schärfentiefe; das ist das Gleiche) sind Sie interessiert, wenn Sie Motive heraus-, also in den Mittelpunkt stellen möchten. Schauen Sie sich im Buch-PDF hierzu bitte einmal die Bilder 1, 3, 5, 9, 10, 11, 25 und 26 an. In all diesen Fällen kam es dem Fotografen darauf an, dass nichts den Blick vom Motiv ablenkt.

Das gilt besonders bei Portraits. Dabei geht es nicht nur darum, den Fokus auf den Menschen zu lenken. Es kommt auch darauf an, dass nicht irgendwelche Äste oder Verkehrsschilder stören; manchmal ragen sie quasi aus der Person heraus.

Bei Foto 5 sehen Sie übrigens, dass die Bereiche vor *und* hinter dem Motiv unscharf sind.

Das ist bis hierhin einfach zu verstehen. Jetzt wird es doch noch ein wenig kompliziert: Die große Blendenöffnung ist zwar notwendige, aber nicht hinreichende Bedingung für eine geringe Tiefenschärfe. Es kommt noch etwas hinzu: Eine längere Brennweite.

Schauen Sie sich mal Bild 7 an. Die Blende ist 2,2, also noch offener als im vorigen Beispiel, trotzdem ist das Bild von vorne bis hinten scharf. Jetzt werfen Sie bitte einen Blick auf die Brennweite: Die betrug in diesem Fall nur 4,3 Millimeter, weil das Foto mit einem Smartphone erstellt wurde.

Daraus folgt ein Merksatz:

- Lange Brennweite *und* offene Blende =
  geringe Schärfentiefe.

Was heißt das konkret? Es ist nett, dass Ihr Smartphone Blende 1,8 oder etwas Ähnliches hat. Aber bei kürzerer Brennweite werden Sie trotzdem kein Portrait mit geringer Schärfentiefe damit machen können.

Und: Wenn eine Kamera erst bei Blende 5,6 beginnt, muss das kein Nachteil sein. Dafür bekommen Sie ja meist mehr Zoom und können die Tendenz zu höherer Schärfetiefe durch eine längere Brennweite kompensieren.

Jetzt mal positiv formuliert. Wollen Sie eine Unschärfe bewusst herstellen, dann wählen Sie nicht nur eine offene Blende, sondern gehen Sie auch weiter vom Motiv weg und setzen Sie eine längere Brennweite ein!

Sie können den Effekt der Brennweite auf die Schärfentiefe übrigens "live" bei Kameras wie der Sony Alpha sehen, die die voraussichtliche Schärfentiefe bei halbem Druck auf den Auslöser gleich im Sucher anzeigen. Wählen Sie das Programm A, stellen Sie eine Blende 2,8 ein und fokussieren Sie auf ein Objekt an der Tischkante mit Brennweite 18 mm, so dass auch noch ein weiter entferntes Hintergrundobjekt im Bild ist. Erhöhen Sie die Brennweite dann stufenweise (es kann sein, dass Sie den Auslöser erneut halb betätigen müssen). Achten Sie nur auf das Hintergrundobjekt; das wird schrittweise unscharf. Einen ähnlichen Effekt beobachten Sie, wenn Sie die Blende öffnen und schließen.

Die begrenzte Schärfe, die Sie beim Portrait unbedingt wollen, kann in anderen Situationen nachteilig sein. Zum Beispiel wenn Sie eine Landschaft fotografieren wollen. Oder wenn Sie eine lange Maschine fotografieren. Machen Sie das mit langer Brennweite von vorne, kann es sein, dass der hintere Teil unscharf ist. In diesem Fall müssen Sie entweder die Brennweite oder die Blendenöffnung reduzieren.

- Kurze Brennweite und / oder geschlossene Blende = hohe Schärfentiefe.

Vielleicht haben Sie aber sogar den Wunsch, dass man nur das chice Bedienpanel klar sieht und den Rest nur erahnt? Oder nehmen Sie an, Sie wollen ein Haus verkaufen. Vielleicht streben Sie ja ein Foto an, bei dem die parkseitige Schokoladenseite scharf abgebildet ist, die hinter dem Haus verlaufene Schnellstraße aber im Nebulösen bleibt. Sie merken: Schon bei der Blende sind wir auch beim Thema "Manipulation".

Schauen Sie nun einmal bitte auf Bild 1. Den unscharfen Hintergrund nennt man "Bokeh", in Englisch definiert man dieses Wort als "quality of blur", wobei "blur" für "verwischen, trüben" steht. Vor allem Tele- und Zoomobjektive werden oft danach ausgesucht, welches Bokeh sie produzieren. Für Sie als Fotograf aus Wirtschaft und Verwaltung ist das irrelevant; wichtig ist aber, dass Sie den Begriff einordnen können.

Sehr zu empfehlen ist übrigens ein längerer Aufenthalt auf der werbefinanzierten Website dofsimulator.net. "dof" steht für "depth of field", also Tiefenschärfe. Dort können Sie Sensor, Brennweite und Blende einstellen und die Auswirkungen betrachten.

Gehen wir einmal einen kurzen Weg gemeinsam. Sensor APS-C, Brennweite 130 mm, Blende 16: Der Hintergrund ist trotz der geringen Blendenöffnung unscharf. In diesem Fall können Sie über die Blende also keine Tiefenschärfe herstellen. Aber das wünschen Sie sich eigentlich auch gar nicht. Schon jetzt ist die Ecole Militaire viel zu deutlich zu sehen. Sollten Sie trotzdem einen scharfen Hintergrund wünschen, reduzieren Sie die Brennweite. Stellen Sie mal die Brennweite 24 mm ein!

Allerdings wäre 24 mm keine Portraitbrennweite; das Gesicht Ihres Modells würde unnatürlich aussehen. "Entfernung ist alles in der Fotografie", sagt YouTube-Fotopapst Stephan Wiesner: Portraits mit Weitwinkel-Objektiv machen das Gesicht dünn und verzerren den Schädel.

Auf dofsimulator.net können Sie übrigens auch die Auswirkungen der Sensorgröße auf den Bildausschnitt betrachten. Wählen Sie 35 mm Vollformat und die Brennweite 230 mm. Das Gesicht des Models ist nun bildschirmfüllend. Jetzt wechseln Sie quasi den Sensor aus und gehen Sie auf APS-C. Das Gesicht rückt näher heran, oben fehlt schon ein Teil der Haare. Beim Ein-Zoll-Sensor ist das Gesicht ab der Unterlippe abgeschnitten. Das bedeutet wohlgemerkt keineswegs, dass Sie zum Vollformat-Sensor greifen müssen; eine reduzierte Brennweite tut's auch.

Parameter "Bewegung"

Nun zum zweiten Faktor, der Sie geradezu zwingt, über Blende und Zeit beim Fotografieren immer wieder von Neuem nachzudenken. Dieser Faktor heißt "Bewegung". Durch Bewegung kann Unschärfe entstehen.

Bei der Bewegungsunschärfe gilt Ähnliches wie bei der geringen Tiefenschärfe. Es kann sein, dass Sie eine geringe Tiefenschärfe wollen (zum Beispiel beim Portrait), und es kann sein, dass Sie eine geringe Tiefenschärfe auf keinen Fall wollen (zum Beispiel bei der Landschaftsfotografie). Ebenso ist es bei der Bewegung. Es kann sein, dass Sie Bewegungsunschärfe vermeiden möchten; das dürfte die Regel sein. Es kann aber auch sein, dass Sie Bewegungsunschärfe ganz bewusst einsetzen möchten.

Unbeabsichtigte Bewegungsunschärfe vermeiden

Sprechen wir zunächst über das Ziel, unbeabsichtigte Bewegungsunschärfe zu vermeiden. Es gibt zwei Arten von Bewegung. Das Motiv bewegt sich oder die Kamera bewegt sich. Letzteres wird landläufig als Verwackeln bezeichnet.

Das Problem ist, dass man beides - anders als eine leichte Unschärfe durch falsche Fokussierung - nachträglich am PC nicht korrigieren kann. Sie müssen also bereits bei der Aufnahme die Gefahr der Bewegungsunschärfe erkennen und Maßnahmen ergreifen.

- Bewegt sich das Motiv, ist es notwendig, eine kurze Verschlusszeit zu wählen, zum Beispiel 1/250 Sekunde. Die Bewegung wird dann eingefroren.

Das wäre jetzt ein Fall für das "S"-Programm an Ihrer Kamera. Oder Sie arbeiten mit "P" und "shiften" so lange, bis die 250 erreicht ist.

Eine so kurze Belichtungszeit führt zu einer offenen Blende. Das ist in vielen Fällen auch gewollt. Zwei Anwendungsfälle:

Eine Person lässt sich nicht gerne portraitieren. Dann bitten Sie sie, aus einiger Entfernung schnurstracks auf Sie zuzugehen. Lange Brennweite, kurze Belichtung, offene Blende, 10 oder mehr Bilder pro Sekunde, Augen- oder Gesichtsautofokus mit Fokusnachführung (AFC) - das könnte zu einem sehr dynamischen Portrait führen. Über die Fokusmodi später mehr.

Ein Leichtathlet läuft als erster ins Ziel und reißt die Arme hoch. Sie stehen in sicherem Abstand auf der Tartanbahn; der Athlet läuft also auf Sie zu. Auch hier führt die Kombination "Lange Brennweite, kurze Belichtung, offene Blende" zum gewünschten Effekt: Der Läufer wird als Sieger "herausgestellt". Auch hier sollten Sie natürlich die Serienbildfunktion nutzen.

Die Bewegung auf Sie zu ist übrigens ein Erfolgsrezept beim Ablichten sich bewegender Motive. Die Objektveränderung ist dabei weitaus geringer als wenn Sie von der Seite fotografieren. Nehmen Sie ein Autorennen. Stehen Sie in der Verlängerung einer Geraden, vielleicht sogar noch kurz vor einer Kurve, vor der die Fahrer abbremsen müssen, haben Sie deutlich bessere Chancen auf gelungene Aufnahmen als wenn Sie sich auf der Haupttribüne aufstellen, an der die Autos mit Höchstgeschwindigkeit vorbeirasen. Abgesehen davon: Autos von der Seite sieht man jeden Tag, Autos von vorn, die auf einen zurasen, gottlob nicht. Die lange Brennweite macht's hier möglich.

Ein weiterer Trick besteht darin, sich bewegende Motive dann zu fotografieren, wenn sich die Bewegung ihrem natürlichen Ende nähert oder der Bewegungsablauf automatisch pausiert, zum Beispiel bei einer Figur beim Eiskunstlauf, dem Korbwurf beim Basketball (der Spieler scheint einen Moment lang in der Luft zu stehen) oder wenn die Tänzer beim Schlussakkord innehalten und gleich Applaus aufbrandet.

Manchmal ist es nicht möglich, eine kurze Belichtungszeit zu wählen, weil Sie aufgrund schlechter Lichtverhältnisse bereits das untere Ende der Blendenskala erreicht haben. Dann bleibt Ihnen nur noch, den ISO-Wert zu erhöhen. Ist dieser Effekt von vorneherein zu befürchten, dann gilt auch hier "Kommst Du zur Location rein, stellst Du als erstes ISO ein", in diesem Fall auf einen höheren Wert, der noch vertretbares Bildrauschen produziert.

Nun zur zweiten Art der Bewegungsunschärfe, dem Verwackeln. Die Kamera verwackelt, wenn die Belichtungszeit aufgrund der Lichtverhältnisse zwangsläufig für die Fotografie aus der Hand zu lang wird. Wann diese Situation eintritt, hängt von der verwendeten Brennweite und dem Bildstabilisator der Kamera oder des Objektivs ab. Ohne Bildstabilisator gilt die Faustformel, dass die Verwacklung ab dem Kehrwert der verwendeten Brennweite eintritt; wer mit Brennweite 125 fotografiert, darf höchstens 1/125 Sekunde belichten. Gute Kamera-Bildstabilisatoren können diese Zeit bis zu vier Stufen verlängern; in diesem Fall wäre also vielleicht sogar eine Zeit von 1/15 Sekunde ausreichend. Probieren Sie das einfach bei eingeschaltetem Bildstabilisator aus.

Die Verwacklung kann aus mehreren Gründen entstehen. Sehr verbreitet ist, dass der Druck auf den Auslöser zur Bewegung der ganzen Kamera führt.

Droht Verwacklung (selbst wenn sie dann vielleicht nicht eintritt), sollten Sie das prüfen, welche Stufe des folgenden Antiverwacklungsprogramms Sie wählen. Wir beginnen mit den einfachsten und enden mit den effektivsten Maßnahmen.

• Stufe 1: Schalten Sie die Serienbildfunktion ein.

Sie führt dazu, dass vielleicht die ersten Bilder noch von der Verwacklung durch den Auslöser betroffen sind, die Folgebilder aber nicht mehr.

Ein kleiner Exkurs: Alle Kameras des Autors sind stets auf Serienbildfunktion eingestellt. Das heißt: Fotografiert wird so lange, wie der Finger auf dem Auslöser ist. Das verlängert zwar die Lade- und Bearbeitungszeit am PC; die Software muss mehr Vorschaubilder erstellen.

Bei Portraits, Gruppenaufnahmen, unter schlechten Lichtverhältnissen oder bei Landschaftsaufnahmen aus der Hand ist die Funktion aber oft die Rettung. Sie finden unter den vielen Aufnahmen tatsächlich meist eine, die leicht besser ist als alle anderen.

Und in manchen Fällen ist es sogar so, dass Sie unter allen Serienbildern nur eines finden, das überhaupt gelungen ist. Das macht Sie dann richtig glücklich.

- Stufe 2: Setzen Sie einen Fernauslöser ein.

Das setzt allerdings voraus, dass Sie die Kamera trotzdem mit zwei Händen halten können, was meist nicht der Fall ist, wenn Sie allein sind. Zu zweit geht das besser.

- Stufe 3: Setzen Sie die Kamera auf.

Eine Kirchenbank, eine Mauer, ein Zaun, notfalls auch die Schulter Ihrer/s Begleiters/in können Ihre Kamera ganz oder weitgehend stabilisieren. Aber Achtung: Wenn Sie die Kamera loslassen, kann es sein, dass sie aufgrund des Objektivs nach vorne kippt. Druck auf die Kamera von oben und die Hand in der Handschlaufe sind zu empfehlen.

Noch ein Exkurs: Für gängige hochwertige Kameras gibt es für etwa 30 Euro spezielle Rigs oder Cages aus Aluminium, die - ähnlich wie eine Smartphone-Hülle - die Kamera schützen, die Aufstellfläche vergrößern und außerdem weitere Anschlussmöglichkeiten schaffen. Trotzdem bleiben alle Bedienungselemente zugänglich.

Das obere Bild auf der nächsten Seite zeigt die Optionen, die sich daraus ergeben. Die Kamera steht stabil. Die Handschlaufe ist am Rig angebracht, nicht mehr an der Kamera. Und durch das Rig entstehen weitere Anschlussmöglichkeiten an allen Seiten. In diesem Fall ist oben noch eine Verlängerungsschiene montiert. Dort ist zum Beispiel Platz für ein Mikrofon, ein LED-Licht oder einen externen Monitor. Wird gerade nichts davon benötigt, ist die Konstruktion schnell umgesteckt, um die Kamera an dieser Schiene zu halten, was für bodennahe Aufnahmen praktisch ist.

Ein Rig wird über das Stativgewinde an der Kamera fixiert. Das Stativgewinde wird nach unten praktisch repliziert; Sie können also nach wie vor die Kamera auf ein Stativ setzen. Das zweite Bild zeigt eine alternative Option. Wenn Sie die Stativplatte nicht unter der Kamera, sondern an der linken Seite montieren, bleibt der Boden plan und das Aufsetzen funktioniert immer. Das Stativ hält die Kamera nun seitlich, was genauso gut funktioniert, als wenn die Kamera oben auf dem Stativ steht.

Durch Rigs wird die Kamera schwerer und voluminöser. Das ist zuweilen erwünscht. Bei manchen großen Objektiven wirkt eine kleine spiegellose Kamera so, als wenn Sie auf dem Dach eines VW Golf einen Schrank transportieren. Außerdem entsteht mehr Platz für Zubehör. Und die ganze Konstruktion wirkt insgesamt sehr professionell.

- Stufe 4: Kombinieren Sie Stufen 1 bis 3.

Weitere Sicherheit gegen Verwackeln entsteht, wenn Sie die Stufen 1 bis 3 miteinander kombinieren. Also: Aufsetzen plus Selbstauslöser, Auslösen plus Fernauslöser oder sogar Auslösen plus Fernauslöser plus Selbstauslöser. Diese Kombination ist zum Beispiel dann sinnvoll, wenn Sie Gefahr laufen, dass Sie selbst als Schatten oder durch eine Spiegelung im Bild sind. Beim Foto auf Seite 26 des PDF bestand diese Gefahr zum Beispiel.

- Stufe 5: Verwenden Sie ein Stativ.

Man könnte diese Option natürlich gleich als erste nennen. Realistisch ist aber, dass Sie oft kein Stativ dabeihaben.

Beabsichtigte Bewegungsunschärfe erzeugen

Es kann aber auch den Fall geben, dass Sie eine Bewegung - in diesem Fall reden wir nur noch über eine Bewegung des Motivs - absichtlich darstellen, quasi unterstreichen wollen.

Nehmen wir an, dass zu einem Stadt- oder Firmenjubiläum ein Feuerwerk stattfindet, das Sie fotografieren wollen. In diesem Fall würden Sie den ISO-Wert ganz herabsetzen (auf 100 oder niedriger), die Serienbildfunktion abschalten, die niedrigste Brennweite wählen (hohe Tiefenschärfe!), einen Fernauslöser anschließen oder den Selbstauslöser verwenden, die Kamera auf ein Stativ aufsetzen sowie die Belichtungszeit auf 30 Sekunden einstellen. Sie bekommen dann nicht einzelne Lichtpunkte, sondern sehen auf dem Foto die Flugbahn (also die Bewegung) der Feuerwerkskörper von der Explosion bis zum Verglühen. Natürlich machen Sie mehrere Fotos. Wenn Sie einen besonderen Effekt erzeugen wollen (einen Himmel voller Feuerwerkskörper) können Sie die Bilder in Photoshop später sogar als Ebenen verwenden und zu einem Gesamtbild kombinieren.

Ein weiteres Beispiel wird Sie möglicherweise verblüffen. Es passt genau genommen hier nicht hinein, denn in diesem Beispiel erzeugen Sie Bewegungsunschärfe, um etwas aus dem Foto auszublenden. Sie stehen (bei Tag) auf einem Platz und wollen ein historisches Gebäude fotografieren. Die Kamera zeigt Ihnen: Hier wäre bei ISO 100 und Blende 5,6 eine Belichtungszeit von 1/50 Sekunde passend. Leider gehen immer wieder Passanten vorbei, die Sie stören. In diesem Fall können Sie den Lichteinfall in Ihre Kamera mit einem auf das Objektiv aufgesetzten Graufilter so stark reduzieren, dass Sie eine viel längere Belichtungszeit benötigen. Auf dem Foto sehen Sie dann nur noch das Gebäude; die Passanten sind weg. In diesem Fall wäre ein Graufilter ND1000 zu empfehlen. Die Belichtungszeit ist dann mit 1024 zu multiplizieren. Rechnen wir mal: 1/50 Sekunde = 0,02 Sekunde x 1024 = 20,48 Sekunden. Nach dieser Berechnung schalten Sie bei Ihrer Kamera auf den Modus M und stellen die Blende 5,6 sowie eine 20-sekündige Belichtungszeit ein.

Nun gibt es noch den klassischen Fall. Ein Rennradfahrer rauscht an Ihnen vorbei. Sie haben nun drei Möglichkeiten. Option 1 besteht darin, eine Belichtungszeit zu wählen, die den Rennfahrer einfriert. Im Folgenden ist das mit einem Tennisball auf einer schiefen Ebene simuliert.

Die Belichtungszeit betrug hier 1/500 Sekunde. Der Nachteil der Aufnahme ist: Der Ball scheint sich nicht zu bewegen. Es könnte auch sein, dass er einfach da so liegt. Zwar sagt uns unser Verstand, dass das unwahrscheinlich ist. Auch denken wir bei einem Rennradfahrer unwillkürlich daran, dass er fährt und nicht etwa daran, dass er steht. Trotzdem ist die Bewegung fotografisch nicht dokumentiert.

Hier nun Option 2. Diesmal betrug die Belichtungszeit 1/100 Sekunde. Nun kann man die Bewegung praktisch vom Tennisball "ablesen".

Es gibt auch noch eine Option 3, Verwenden Sie die langsamere Verschlusszeit, also 1/100 Sekunde oder weniger, können Sie auch versuchen, die Kamera mit dem Ball mitzuziehen, so dass der Ball aussieht wie in Foto 1, die Schiene und der Hintergrund aber unscharf werden. Auch das symbolisiert Bewegung und Geschwindigkeit. Das erfordert allerdings Übung und Geduld. Wollen Sie einen bestimmten Radfahrer fotografieren und kommt der nur einmal vorbei, sollten Sie das nicht versuchen.

Was ist das Fazit?

- Eine *unbeabsichtigte* Bewegungsunschärfe der *Kamera* lässt sich komplett vermeiden, auch ohne die Verschlusszeit zu reduzieren. Dafür sorgt unser fünfstufiges Antiverwacklungsprogramm.

- Eine *unbeabsichtigte* Bewegungsunschärfe des *Motivs* lässt sich durch kurze Verschlusszeiten vermeiden, notfalls auf Kosten einer offeneren Blende und eines höheren ISO-Werts. Tricks wie "von vorne fotografieren" und "natürliche Bewegungsstopps abwarten" helfen.

- Eine *beabsichtigte* Bewegungsunschärfe des Motivs (Tennisball II) oder des Hintergrunds lässt sich durch längere Belichtungszeiten bei fixierter oder mitziehender Kamera erzielen.

Den Fokus setzen

Alle bisherigen Erläuterungen zur Herstellung von Bildschärfe setzen voraus, dass Sie richtig fokussieren. Klar, könnten Sie sagen, dafür gibt es den Autofokus; habe ich. Und dieses Instrument "Autofokus" wird ja mit Hunderten von berücksichtigten Messpunkten immer besser - da kann nichts passieren. Das stimmt leider nicht.

- Fokussieren bedeutet, dafür zu sorgen, dass die Schärfe an der Stelle im Bild perfekt ist, die Sie für die bedeutendste halten.

Das ist zugegebenermaßen eine ungewöhnliche Definition. Viele sprechen davon, "das Bild" müsse scharf sein. Das geht nicht. Sie werden, von den wenigen Ausnahmen der kurzen Brennweite verbunden mit einer kleinen Blendenöffnung immer Stellen im Bild haben, die scharf sind und solche, die unscharf sind. Entscheidend ist nur, ob es jeweils die richtigen sind.

Es gibt drei Parameter, die Sie in Sachen Fokussierung beeinflussen können und auch beeinflussen sollten. Fokussieren Sie manuell oder überlassen Sie das dem Autofokus? Soll der Autofokus einmal oder wiederholt tätig werden ("Fokusmodus")? Und: Wo soll der Autofokus die Entfernung messen, die dann zur Grundlage für die Fokussierung wird?

Für die Beantwortung dieser Fragen müssen wir differenzieren, ob Sie ein sich bewegendes Motiv fotografieren oder eines, das sich nicht bewegt.

Sich bewegende Motive

Sich bewegende Motive sind zum Beispiel Sportler, Tiere und Fahrzeuge. Sie fotografieren einen Marathonläufer, wie er um die Kurve biegt. Ein Reh, das durch den Wald springt. Ein Radfahrer, der sich durch dichten Autoverkehr kämpft.

Bei allen sich bewegenden Motiven gilt zunächst: Sie müssten schon ein sehr geübter Fotograf sein, um sie mit manueller Fokussierung scharf zu bekommen. Der Autofokus ist viel schneller als Sie. Setzen Sie also den Autofokus ein!

Allerdings: Der Zeitraum zwischen dem automatischen Fokussieren und dem Erstellen des ersten Fotos kann, selbst wenn es sich nur um Sekundenbruchteile handelt, so lang sein, dass die Schärfeeinstellung schon nicht mehr stimmt. Das gilt erst recht für das zehnte Foto einer Serienaufnahme (bewegte Motive sollten Sie immer mit der Serienaufnahme fotografieren).

Deswegen empfiehlt es sich, an Ihrer Kamera die Einstellung "AF-C" zu wählen. Das steht für "Autofocus continuous" (Nachführ-Autofokus) und bewirkt, dass der Autofokus das ursprünglich anfokussierte Motiv "begleitet" und die Schärfe permanent nachreguliert. Sie können diese Einstellung meist über ein Schnellmenü vornehmen, das einer Kamerataste zugeordnet ist.

Die Alternative wären die Einstellung AF-S (der Fokus wird einmal festgelegt und gespeichert, bis Sie den Auslöser wieder loslassen) oder AF-A. Bei diesem Modus werden AF-S und AF-C entsprechend der Bewegung des Motivs gewechselt. Wird der Auslöser halb niedergedrückt, speichert das Produkt den Fokus, wenn es feststellt, dass das Motiv bewegungslos ist. Oder es setzt die Fokussierung fort, wenn sich das Motiv bewegt. Während der Serienaufnahme nimmt das Produkt ab der zweiten Aufnahme automatisch mit Nachführ-Autofokus auf. Allerdings gilt bei der Sony A6300, dass AF-A nur verfügbar ist, "wenn Sie ein Objektiv verwenden, das Brennebenen-Phasenerkennungs-AF unterstützt". AF-A kann bei anderen Kameras eine andere Bezeichnung haben; die Wirkung ist aber ähnlich.

Natürlich kann man solche Automatiken einsetzen und einen weiteren Parameter des Fotografierens aus der Hand geben; wenn Sie aber sicher sein wollen, dass die Aufnahme bewegter Motive funktioniert, dann sollten Sie sich der kleinen Mühe unterziehen, den AF-C-Modus manuell einzustellen.

Nun kommt noch die Frage, wo der Autofokus die Entfernung messen soll, die dann zur Grundlage für die Fokussierung wird. Nehmen Sie einmal an, der Autofokus "scannt" das gesamte Bild. Möglich ist das, denn er verfügt über viele Messpunkte, deren Zahl von Kameraversion zu Kameraversion meist noch zunimmt. Aber was macht der Autofokus da? Er nimmt sich meist das nächste Objekt, dessen Entfernung am geringsten ist, und stellt darauf scharf. Egal ob das nun das springende Reh oder ein im Vordergrund stehender Baum ist.

So eine große Messzone ist allenfalls dann sinnvoll, wenn Sie zwar ein Reh erwarten, aber nicht wissen, wann und aus welcher Richtung es kommt. Ist das Reh aber schon in Sicht, dann sollten Sie sicherstellen, dass die Kamera auch wirklich darauf fokussiert. Daher ist anzuraten, das Messfeld zu verkleinern und nur die Mitte des Bildes zu messen.

Deswegen empfiehlt es sich, den Prüfbereich des Autofokus bei bewegten Motiven zu reduzieren. Sie halten also die Kamera einmal mittig auf das Reh und drücken den Auslöser halb. Ein anschließendes Verschwenken ist unschädlich.

Das Fazit für die optimale Schärfe bei sich bewegenden Motiven lautet daher:

- Benutzen Sie den Autofokus.

- Wählen Sie den Modus AF-C zur Fokusnachführung.

- Reduzieren Sie das Messfeld auf die Bildmitte.

Statische Motive

Statische Motive sind solche, die sich beim Fotografieren nicht oder nur unwesentlich bewegen. Das sind beispielsweise Menschen beim Portrait, Gebäude oder Waren. Sie fotografieren einen Politiker bei einer Rede, das Feuerwehrhaus, das gerade eingeweiht wurde, das neue Produkt, das Ihr Unternehmen in den Markt bringt.

Noch einmal zur Wiederholung:

- Fokussieren bedeutet, dafür zu sorgen, dass die Schärfe an der Stelle im Bild perfekt ist, die Sie für die bedeutendste halten.

Bei Portraits sind das die Augen. Jedenfalls ist das die übereinstimmende Meinung der Fotografen. Deswegen gibt es inzwischen Kameras mit einem Augen-Autofokus. Die Kamera erkennt die Augen, selbst die von Tieren, und stellt darauf scharf. Kameras mit Gesichts-Autofokus bleiben da eine Stufe drunter. Manchmal kann man sie sogar so einstellen, dass sie erst auslösen, wenn Personen lächeln. Im privaten Bereich mag das sinnvoll sein. Ist das Foto misslungen, machen Sie einfach noch eins. In Wirtschaft und Verwaltung aber gilt das Gleiche wie beim Thema AF-A: Wollen Sie die Entscheidung, wann Sie ein Foto machen, wirklich einem Apparat überlassen, wenn das Ereignis momentan und nicht wiederholbar ist?

Beim Fotografieren von statischen Motiven haben Sie in aller Regel ziemlich viel Zeit. Gegenstände laufen Ihnen nicht weg und zu Portraitierende meist auch nicht.

Allerdings: Wenn Sie für Ihr Unternehmen oder Ihre Behörde fotografieren, rechnen Sie mit der Ungeduld von Amts-, Mandats- und Würdenträgern inklusive Aufsichtsräten und Vorständen. Viele Menschen, die kraft Amtes fotografiert werden, halten die Sache nach einigen Sekunden für erledigt und gehen ihrer weiteren Tätigkeit nach. Sie werden kaum lange stehen bleiben und warten, bis Sie auf Ihrer Kamera eine Bildkontrolle durchgeführt haben. Deswegen: Machen Sie sich mit dem Ort vertraut, bevor die Personen eintreffen. Achten Sie besonders auf Licht und Schatten sowie etwaige störende Elemente im Hintergrund (Verkehrsschilder, vorbeifahrende Autos ...). Nehmen Sie zu diesem Zeitpunkt auch bereits die Einstellungen wie ISO, Blende / Zeit, Autofokus usw. vor. Machen Sie eventuell Probefotos mit Kollegen oder sogar Passanten. Und verlassen Sie sich nicht auf irgendwelche Automatiken der Kamera, die vielleicht gerade in diesem Moment nicht wirklich funktionieren.

Die Empfehlung dieses Buches lautet: Fokussieren Sie bei statischen Motiven manuell nach. Dieses Verfahren, das viele Kameras anbieten, funktioniert so: Sie lassen den Autofokus die Scharfstellung vornehmen (das kann er wie gesagt schneller als Sie!) und korrigieren anschließend, falls erforderlich, mit dem Schärfering das Ergebnis. Das nennt man das DMF-Verfahren (Direct Manual Focus, Direkte Manuelle Fokussierung). Der Begriff ist aber irreführend, denn Sie fokussieren ja nicht "direkt" manuell, sondern erst nachdem der Autofokus tätig wurde. Richtiger wäre "directed manual focus", das auf ein Motiv "gerichtete" Nachfokussieren.

Die DMF-Option ist eine Funktion, die mit AF-S, AF-C oder AF-A gleichrangig ist und alternativ zu diesen Modi eingestellt werden kann. Sie können das Umschalten daher meistens auch über eine Kamerataste (plus möglicherweise einem weiteren Tastendruck) vornehmen und müssen nichts ins Menü gehen.

Nun könnten Sie sagen, dass Sie möglicherweise gar nicht sicher sind, ob das manuelle (Nach-) Fokussieren überhaupt Ihre Sache ist. Können Sie Ihren Augen trauen? Ihre Kamera bietet Ihnen aber zwei Hilfsmittel an. Zum einen vergrößert sie beim Nachfokussieren im Sucher oder auf dem Display das Bild so, als hätten Sie eine Lupe in die Hand genommen. Zum anderen gibt es die Funktion "Focus Peaking", die SONY als "Kantenanhebung" übersetzt. Wenn Sie sie aktivieren (das sollten Sie einmal im Menü so einstellen und dann auch unverändert lassen), werden scharfe Kanten mit einer Farbe Ihrer Wahl hervorgehoben. Sie sehen also sofort, ob die Schärfe richtig eingestellt ist.

Wenn Sie so vorgehen, brauchen Sie das Messfeld des Autofokus auch nicht unbedingt auf die Bildmitte zu reduzieren, wie bei den sich bewegenden Motiven beschrieben. Hier noch einmal kurgefasst die Empfehlungen:

- Benutzen Sie den Autofokus.

- Wählen Sie den Modus DMF zur manuellen Nachfokussierung.

- Achten Sie dabei auf die durch das Focus Peaking hervorgehobenen Kanten.

Belichtungsmessung und Belichtungskorrektur

Wann immer Sie beim Einsatz Ihrer Kamera eine Kombination von Blende und Zeit wählen (oder das den Apparat erledigen lassen), tun Sie dies auf der Grundlage der Angabe der Kamera, welche Belichtung für das konkrete Foto erforderlich ist. Wie aber misst Ihre Kamera diese Belichtung? Welche Methode wendet sie an? Auch das können Sie festlegen.

Die Regel wird sein, dass Sie die voreingestellte Mehrfeld-, Multi-Segment oder Matrixmessung verwenden. Dieses Verfahren unterteilt das Bild in verschiedene Messfelder und ermittelt dann die korrekte Belichtung für das ganze Bild. Dabei werden zusätzlich zur Helligkeitsverteilung je nach Kamera auch die Farbverteilung, die Motiventfernung und die Brennweite des Objektivs berücksichtigt. Bei Wikipedia heißt es dazu: "Die Matrixmessung aktueller Kameras ist inzwischen so weit entwickelt, dass sie eine Vielzahl von Motivsituationen zuverlässig abdeckt." Lediglich bei untypischen Situationen seien unerwartete Fehlbelichtungen nicht auszuschließen. Auch bei bewegten Motiven bietet sich die Mehrfeldmessung an.

Bei der Selektivmessung misst die Kamera die durchschnittliche Helligkeit des gesamten Bildes *unter Betonung* des mittleren Bereichs. Bei der Spotmessung wird *nur* der mittlere Bereich gemessen. Diese Funktion ist sinnvoll, wenn sich das Motiv im Gegenlicht befindet, oder wenn ein starker Kontrast zwischen Motiv und Hintergrund vorhanden ist. Die Umschaltung der Messmodi erfolgt meist im Menü oder einem Funktionsmenü.

Egal, welche Messmethode Sie verwenden: Stets können Sie auch nach der automatischen Messung eine manuelle Belichtungskorrektur vornehmen. Dazu gibt es sehr oft eine spezielle Taste auf Ihrer Kamera, so dass Sie dazu nicht in Menüeinstellungen gehen müssen. Im Begleit-PDF ist das Bild auf Seite 2 auf diese Weise entstanden; die Messmethode war "Multi-Segment", aber der Fotograf entschied sich für eine Reduzierung der Belichtung um 3,7 Stufen. Das ist ein sehr ungewöhnlicher Wert. Manchmal reichen schon 0,3 Stufen.

Bei Kameras mit Live View, bei denen Sie eine Vorschau des gleich entstehenden Bildes erhalten, sind Sie natürlich im Vorteil: Sie können (vor allem im Sucher) sehr gut ablesen, was Ihnen eine Korrektur der Belichtung bringt.

Manche Fotografen wählen übrigens stets eine leichte Unterbelichtung bis zu 1,0 Stufen. Dazu setzen sie auch die Sucher- und die Display-Helligkeit um den gleichen Wert herab. Diese bewusste Unterbelichtung führt dazu, dass der Dynamikumfang zunimmt und Strukturen im hellen Himmel später in der Nachbearbeitung wieder herausgearbeitet werden können. Es ist leichter, dunkle Bildbereiche aufhellen als helle Bereiche zu retten.

Was ein zu heller Bereich ist, lässt sich schon bei der Aufnahme feststellen, wenn man die Zebra-Funktion aktiviert. Im Live-View der Kamera werden solche Bereiche dann mit einem Zebramuster überlagert. Gegensteuern kann man auf vielfältige Weise. Die manuelle Belichtungskorrektur ist eine Möglichkeit. Man kann aber auch schlicht den Ausschnitt verändern und danach eine neue Belichtungsmessung vornehmen, indem man den Auslöser halb drückt.

Da in diesem Buch empfohlen wird, RAW-Fotos zu erstellen und nicht die Kamera die Herstellung des Fertigprodukts JPG erstellen zu lassen, sei an dieser Stelle lediglich erwähnt, dass viele Kameras nach entsprechender Einstellung HDR-Bilder erstellen, bei denen ein "high dynamic range" erzeugt wird. Dazu fügt die Kamera mehrere Aufnahmen zu einem JPG zusammen. Allerdings sollte man dazu mal ins Handbuch schauen. In der Anleitung zur Alpha 6300 steht beispielsweise:

Wird der Aufnahmemodus auf [Intelligente Auto.], [Überlegene Autom.], [Schwenk-Panorama] oder [Szenenwahl] eingestellt, kann [Auto HDR] nicht gewählt werden. Wird [Multiframe-RM] gewählt, kann [Auto HDR] nicht gewählt werden. Die nächste Aufnahme kann erst gestartet werden, nachdem der Erfassungsvorgang nach der Aufnahme abgeschlossen worden ist. Je nach der Helligkeitsdifferenz eines Motivs und den Aufnahmebedingungen wird der gewünschte Effekt eventuell nicht erhalten. Wenn der Blitz verwendet wird, hat diese Funktion kaum Auswirkungen. Wenn der Kontrast der Szene schwach ist oder Verwacklung des Produkts oder Motivunschärfe auftritt, erhalten Sie eventuell keine guten HDR-Bilder.

Das sind so viele Ausnahmen, dass man sich fragt, was man denn tun muss, um die Regel einzuhalten ... Also:

- Mit der voreingestellten Mehrfeld-, Multi-Segment oder Matrixmessung fahren Sie in der Regel am besten.

- Schalten Sie die Zebra-Funktion ein, um schwer korrigierbare Überbelichtungen zu vermeiden.

- Machen Sie von der Möglichkeit Gebrauch, sich im Life View die Belichtung anzusehen und eventuell schon bei der Aufnahme eine Belichtungskorrektur vorzunehmen.

- Erwägen Sie eine permanente Reduzierung der Belichtung um bis zu einer Stufe, um bei der Nachbearbeitung mehr Spielraum in den hellen Bereichen zu erhalten.

Licht

Viele, die gelegentlich Fotos machen, denken viel zu wenig an das Thema "Licht". Das beginnt beim Sonnenschein. Fotos in praller Sonne werden flach und kontrastarm. Erfahrene Fotografen wissen: Zwischen elf und drei hat der Fotograf frei.

Stattdessen gibt es vier Tageszeiten, an denen das Fotografieren besonders interessant ist. Es sind dies die blauen und goldenen Stunden in der Früh und am späten Nachmittag. Bei Sonnenauf- und Sonnenuntergang erstrahlt der Himmel in der blauen Stunde in einem satten Blauton und in der goldenen Stunde rötlich-orange. Die Sonne erzeugt dann lange Schatten.

Wenn Sie wissen wollen, wann diese Stunden sind, dann können Sie eine App wie "PhotoTime" auf Ihr Smartphone laden. Auf der folgenden Seite sehen Sie einen Screenshot der App. Sie erhalten für jeden beliebigen Tag für Ihren Standort eine Angabe, von wann bis wann mit diesen besonderen Lichtverhältnissen zu rechnen ist. Allerdings treten diese Effekte natürlich nur ein, soweit der Himmel nicht durch Wolken grau ist. Deswegen wäre eine ergänzende Wetter-App sinnvoll.

Wenn Sie Fotos aus dem Bereich Wirtschaft und Verwaltung machen, werden Sie mit blauen und goldenen Stunden wahrscheinlich kaum etwas anfangen können. Die meisten Ereignisse finden genau zwischen diesen Zeiträumen statt. Als Essenz können Sie dennoch etwas mitnehmen: Ein Outdoor-Fototermin genau in der Mittagszeit ist suboptimal.

Ein zweiter Aspekt des Lichts ist das Gegenlicht. Vermeiden Sie es, ein Objekt oder eine Person vor Gegenlicht zu fotografieren.

Pressefotografen kommen oft zu Terminen, bei denen Personen mit dem Rücken zum Fenster sitzen und die Stifte zur Unterschrift eines Vertrages schon in den Händen halten. Physikalisch ist es nicht möglich, diese Szene abzubilden. Entweder der Hintergrund wird komplett hell oder die Gesichter werden viel zu dunkel.

Dies ist übrigens ein weiteres Beispiel dafür, dass Sie rechtzeitig am Ort des Geschehens eintreffen und erst einmal erkunden sollten, an welches Setting gedacht ist. Die meisten Organisatoren machen sich über Bildhintergründe und Gegenlicht keine Gedanken und sind dankbar für entsprechende Hinweise.

Bei dieser Situation wie auch bei Portraits im Freien vor zu hellem Himmel bleibt Ihnen ohne zusätzliches Equipment nur der Aufhellblitz. Wenn die Situation sonst nicht zu retten ist, aktivieren Sie den Blitz an Ihrer Kamera, stellen Sie ihn auf die Einstellung "Aufhellblitz" und machen Sie das Foto. Das ist eine absolute Notlösung, um nicht ganz ohne Bild nach Hause gehen zu müssen.

Manche von Ihnen haben bestimmt schon gemerkt, dass das Wort "Blitz" in diesem Buch bislang noch kein einziges Mal vorgekommen ist - weder bei den Anforderungen an die Kamera noch beim Zusatzequipment zur Kamera. Aus gutem Grund: Der Autor empfiehlt, bei Fotos in Wirtschaft und Verwaltung auf das Blitzen komplett zu verzichten.

Denn Blitzen ist in Sachen Equipment, Technik und Handhabung ein Kapitel für sich. Man könnte ein ganzes Buch darüber schreiben. Falsch eingesetzte Blitze produzieren rote Augen, werfen Schatten, erschrecken Mensch wie Tier und erhellen Gesichter so, dass die Schönheit von Personen auf einen Schlag verfliegt. Nur wer mit einem guten Blitzgerät indirekt gegen die Decke blitzt, funksynchronisierte Blitzgeräte auf Stativen einsetzt und das Ganze noch mit Softboxen unterstützt, hat überhaupt eine Chance, ein gutes Foto zu machen.

In vielen Fällen ist Blitzen auch gar nicht notwendig. Sie haben die Kamera auf ein Stativ gesetzt, den ISO-Wert stark erhöht, Verwacklungsunschärfe durch einen Fernauslöser ausgeschlossen und warten auf den Moment, an dem das Geschehen seinen natürlichen Haltepunkt hat (zum Beispiel wenn der Redner gerade Zwischenapplaus erhält)? Dann haben Sie eine gute Chance, auch bei schlechtem Licht gute Aufnahmen zu machen.

Der Autor fotografiert im Grunde immer und überall, bei Presseterminen, Veranstaltungen, Dienstreisen oder im Urlaub. Es gab in den vergangenen zehn Jahren keine Situation, bei der der Einsatz eines Blitzgeräts erforderlich gewesen wäre. Allerdings fotografiert er weder Mode noch Models.

Wenn Sie trotzdem bei Portraits oder Interviews mehr Licht haben wollen, versuchen Sie es mal mit einem akkugespeisten Videolicht, das Sie wie ein Blitzgerät auf die Kamera oder das Rig aufsetzen oder auf einem zweiten Stativ montieren. Damit haben Sie zugleich den Vorteil einer Universallösung für Fotos und für Videos. Bei Videolichtern können Sie die Helligkeit und die Lichttemperatur stufenlos verändern. Die Lichttemperatur reicht dabei meist von warmweiß (3.300 Kelvin) bis zu Tageslicht (5.600 Kelvin). Viele Fotografen setzen es als Blitzersatz ein, zumal sie dabei die Helligkeit dosieren und offenblendig arbeiten können. Manche erzeugen damit auch interessante Effekte, zum Beispiel indem sie einen bewussten Gegensatz zwischen Tageslicht im Hintergrund und Kunstlicht im Vordergrund schaffen.

Geht es nur um das Lenken oder Verändern vorhandenen Sonnenlichts, sind Faltreflektoren ein preisgünstiges Mittel. Sie hellen das Motiv auf, verhindern Schattenbildung, bringen Glanz in die Augen, machen hartes Licht weicher und dienen sogar als neutraler Hintergrund. Der Preis für ein ganzes Set in gold, silber, weiß, schwarz und transparent liegt unter 20 Euro. Der Nachteil dieser Reflektoren ist, dass Sie eine zweite Person brauchen, die den Reflektor im richtigen Winkel hält.

Zum Thema "Licht" gehört auch der Weißabgleich. Bevor Sie Fotos machen, können Sie der Kamera zunächst mitteilen, wie "weiß" aussieht. Gemeint ist "weiß unter den Bedingungen der aktuellen Beleuchtung". Verkürzt finden Sie das in Kameramenüs so, dass Sie die aktuelle Beleuchtung angeben. Sie haben beispielsweise die Wahl zwischen Tageslicht, bewölkt, Glühlampe und Leuchtstoffröhre. Sie können aber auch einen gemessenen oder geschätzten Kelvin-Wert für die "Lichttemperatur" eingeben.

Aber Sie können das Ganze auch genauso gut vergessen und die Kamera auf "AWB" gleich "Automatic White Balance" einstellen. Allerdings nicht, weil diese Automatik so gut wäre, sondern vor allem, weil Sie den Weißabgleich später am Computer vornehmen und dabei alle möglichen Einstellungen ausprobieren können.

Die Bildkomposition

Damit endet der Abschnitt des Buchs, in dem es darum geht, wie Sie Ihre Kameratechnik professionell einsetzen. Doch bevor wir im zweiten Teil über die Nachbearbeitung von Fotos sprechen, müssen wir einen Moment darüber diskutieren, worauf Sie bei der Bildkomposition achten sollten. Fangen wir mit ganz einfachen Ratschlägen an.

- Achten Sie darauf, dass Sie nicht selbst im Bild sind!

Das passiert schneller als man denkt. Das Problem entsteht sehr häufig, wenn Sie zwischen Sonne und Motiv stehen und sich voll und ganz auf die zu portraitierende Person konzentrieren. Dann könnte es sein, dass Ihr Schatten auf dem Boden sichtbar ist. Je später es ist, desto länger wird er. Gefährlich ist aber auch, wenn Sie reflektierende Gegenstände aufnehmen; auch dann könnten Sie samt Fotoapparat mitten im Motiv zu sehen sein. Ein No-Go.

- Spüren Sie Unerwünschtes im Bildhintergrund auf!

Schauen Sie sich noch vor der Fotoerstellung an, was sonst noch auf dem Bild zu sehen sein könnte. Ein Klassiker ist, dass Sie eine Amtsperson namens Müller in der Innenstadt abbilden und im Hintergrund erkennt man das Schild "Café Müller".

Dieses Foto können Sie wegwerfen, denn mindestens einige Betrachter werden annehmen, dass Sie das absichtlich gemacht haben. Theoretisch könnten Sie den Schriftzug in Photoshop wegradieren, aber dann bekommen Sie ein Problem mit dem anderen Herrn Müller, dem, der gerade Kuchen serviert.

- Fotografieren Sie im Hochformat nur nach Bestellung!

Die meisten Fotos in Zeitungen und Zeitschriften sind im Querformat. Deswegen sollten Sie Hochformate nur aufnehmen, wenn Sie dies mit dem zuständigen Redakteur ausdrücklich vereinbart haben. Denken Sie daran besonders, wenn Sie einmal Fotos oder Videos mit dem Smartphone aufnehmen; drehen Sie das Gerät zunächst um 90 Grad nach rechts!

- Verzichten Sie auf Marken- und Logo-Inszenierungen!

Es ist aus den Köpfen insbesondere vieler Pressesprecher nicht herauszukriegen: dieser unwiderstehliche Drang, ihre Auftraggeber vor Fahnen, Firmenschildern, Vereinsemblemen und Werbetafeln abzubilden. Das ist eine Holzhammermethode. Sie wird von den Betrachtern regelmäßig als Schleichwerbung erkannt und von Redaktionen meist abgelehnt. Es ist Overkill.

Das sind die wichtigsten Fehler, die Sie vermeiden sollten. Aber drücken wir das Ganze doch mal positiv aus.

- Machen Sie keine langweiligen Fotos!

Wenn eine Ministerin das Unternehmen besucht, positionieren sich Fotografen meist schon am Eingang. Sie nehmen auf, wie die hohe Besucherin aus dem Auto aussteigt. Sie dokumentieren, dass der CEO ihr "Herzlich willkommen" sagt. Sie halten fest, wie sie ihren Mantel auszieht. Das zu fotografieren, ist ziemlicher Unsinn. Keinen interessieren diese Szenen. Ähnliches gilt für den folgenden Moment, bei dem der CEO und die Ministerin samt Bürgermeister und Landrat frontal in die Kamera schauen und lächeln. Das kann überall sein. Und es sagt nichts anderes, als dass die Herrschaften sich und die Fotografen die Herrschaften für wichtig halten.

Es gibt eine Vielzahl von Möglichkeiten, das zu ändern. Zeigen Sie, wie Menschen konzentriert oder amüsiert etwas betrachten oder wie ein gerade Geehrter nach Worten ringt. Beispiele finden Sie auf der folgenden Seite. Fällt Ihnen was auf? Niemand von ihnen schaut in die Kamera. Aber in zwei von drei Fällen sagten die Beteiligten anschließend: "Tolles Foto!"

Fotografieren Sie - mit deren Einverständnis oder bei Pressterminen - auch mal Menschen, wenn sie nicht daran denken, fotografiert zu werden; nur das bildet die Wirklichkeit ab. *Für* die Kamera *in* eine Kamera zu blicken, ist *nicht* die Wirklichkeit.

Deswegen sollten Sie auch von Ihrem CEO oder Behördenchef keine "Schreibtischbilder" machen - am Ende noch mit einem Stift in der Hand, was "Gleich wird er etwas unterschreiben" signalisieren soll. Das ist langweilig, überholt (in den 60er Jahren des vorigen Jahrhunderts hat man so fotografiert) und wahrscheinlich auch atypisch: Vermutlich sitzt Ihr Chef öfter in Meetings oder ist auf Reisen, anstatt allein Zeit in seinem Büro zu verbringen. Fotografieren Sie ihn doch einmal in einer Interviewsituation leicht von der Seite (zu Video-Interviews später mehr), bei einem Vortrag, in einer Konferenz oder in einer Werkshalle.

- Behalten Sie die sieben Bildgestaltungsregeln im Kopf!

Regel 1: Rule of Thirds ("Goldener Schnitt"). Die Regel besagt, dass es mehr Spaß macht, ein Bild zu betrachten, bei dem das Motiv nicht im Mittelpunkt, sondern auf einer der Drittel-Linien positioniert ist. Vermeiden Sie daher, Personen oder Dinge in die Mitte zu stellen (Beispiele: nächste Seite).

Das gilt übrigens selbst für Interviews, bei denen der oder die Gesprächspartner(in) allein im Bild ist. Auch dann würden Regisseure an einer der beiden Seiten mehr Platz lassen (Beispiele: übernächste Seite).

Neben der Rule of Thirds gibt es zwei weitere Regeln, die Fotografen gerne anwenden: die Fibonacci-Spirale und das "Phi-Grid". Da dieses Buch Sie aber nicht mit Theorien vollstopfen will, belassen wir es bei der Rule of Thirds. Sollten Sie an weiteren Details interessiert sein, werden Sie unter diesen Stichworten im Internet fündig.

Regel 2: Negative Space. Die Fotos, vor allem das erste und das dritte, sind auch Beispiele dafür, dass man Mut zu "Negative Space" haben sollte, also großen Bildteilen, die keinen eigenen Informationsgehalt haben, sondern das Auge des Betrachters in die Richtung auf das Hauptmotiv lenken.

———

Bitte beachten Sie: Die Fotos sind in schwarzweiß, um den Preis des Buches gering zu halten. Farbversionen gibt es im Begleit-PDF (außer Screenshots). Die Beispiele auf der übernächsten Seite stammen aus Eduardo Rufeisens Independent-Film "The Evil Within".

James Waller Ph.D., Cohen Professor of Holocaust and Genocide Studies at Keene State College, New Hampshire

John M. Efron Ph.D., Koret Professor of Jewish History at University of California Berkeley

Um das gleiche Ziel geht es bei Regel 3: Leading lines. Auch hier ist die Absicht, den Blick des Betrachters auf das Besondere zu lenken.

Regel 4: Frames. Damit ist gemeint, dass ein Motiv von einem anderen Objekt ganz oder teilweise umrahmt, manchmal von diesem Rahmen sogar verdeckt wird. Neben dem "Das Auge

des Betrachters auf das Wesentliche Lenken" spielt hierbei auch "Störendes ausfiltern" eine Rolle.

Regel 5: Symmetry. Vor allem in der Architektur ist Symmetrie ein wichtiges Gestaltungselement. Versuchen Sie in diesem Fall die Symmetrie auf dem Foto wiederzugeben!

Regel 6: Change of Perspective. Viele, die nicht täglich Fotos machen, denken nur selten daran, die Perspektive zu wechseln. Dieser Perspektivwechsel kann zum einen in der Horizontalen erfolgen. Ist Ihr jetziger Standort der beste, um das Foto zu machen, oder gehen Sie vielleicht ein paar Schritte, um eine bessere Perspektive zu erhalten? Zum anderen ist auch die vertikale Position wichtig. Fotografieren Sie Kinder, Tiere und Pflanzen immer auf Augenhöhe, nicht von oben herab. Da müssen Sie entweder in die Knie oder Sie setzen die Kamera tiefer und verwenden einen Fernauslöser. Sie können Menschen und Gruppen auch mal von einer Trittleiter aus abbilden; damit straffen sich die Gesichtszüge und der (möglicherweise sogar interessant strukturierte) Boden wird zum Hintergrund.

Regel 7: Vorder-, Mittel-, Hintergrund. Einer der vielen Merksätze der Fotografie heißt: "Vordergrund macht Bild gesund". Tatsächlich sollten Sie, wie im Beispiel unten, nach Möglichkeit einen Vordergrund (hier das Boot), einen Mittelgrund (hier die Insel) und einen Hintergrund (hier die Berge und die Wolken) in Ihrem Bild haben.

Exkurs: Der aufdringliche Fotograf

Ein guter Fotograf ist wie ein guter Schiedsrichter beim Fußballspiel: Man bemerkt idealerweise gar nicht, dass er da ist. Leider gibt es unzählige Beispiele für das Gegenteil. Auch der Autor wird immer wieder Zeuge, wie Fotografen bei Veranstaltungen agieren, als fände das Konzert, der Vortrag oder das Theaterstück nur zum Zweck der Fotoerstellung statt.

Sie laufen viel zu viel herum, nehmen zahlenden Zuschauern die Sicht, machen Lärm und haben kein Gefühl dafür, dass sie damit die Atmosphäre zerstören. Manche unterbrechen die Veranstaltung sogar durch Inszenierungen und rufen laut "Bitte nochmal", wenn sie den richtigen Moment von Ordensverleihung oder Schlüsselübergabe verpasst haben. Sind sie endlich zufrieden, verlassen sie den Raum geräuschvoll mitten in der Veranstaltung, womit sie dokumentieren, dass sie an deren Inhalt nicht interessiert sind.

Auch deswegen braucht man gute Technik. Kann der Fotograf mit seinem Zoom-Objektiv längere Distanzen überbrücken, dann muss er nicht unbedingt vor das ganze Publikum treten, sondern kann sich vielleicht hinter dem Publikum oder an der Seite aufhalten. Hilfreich sind in diesen Fällen ein Stativ und eine angepasste ISO-Einstellung. Bei Videos ist es wichtig, den Ton dort abzugreifen, wo er entsteht, hilfsweise dort, wo er verarbeitet wird. Es darf nicht sein, dass der Kameramann wegen des Tons nah ranmuss.

Wenn Sie Veranstaltungen mit Fotos oder Videos dokumentieren, dann ist es eine gute Idee, sich detailliert mit den Abläufen vertraut zu machen. Lassen Sie sich briefen, wann welche "fototrächtige" Situation entsteht. Dann können Sie sich rechtzeitig vorbereiten und verpassen nichts. Wenn Sie nicht wissen, wer wann im Mittelpunkt stehen wird, bleibt Ihnen nur der abrupte Spurt durch die Manege, was die ganze Sache erheblich entweiht.

Viele Gelegenheitsfotografen haben zu wiederkehrenden Ereignissen vorgefertigte Motive im Kopf. Nehmen wir als Beispiel mal die Verleihung einer Urkunde für ein Projekt von "Jugend forscht". Das Klischee lautet: Abgebildet werden muss der Moment der Übergabe der Urkunde durch, sagen wir, den Oberbürgermeister. Das geht eigentlich schon deswegen nicht, weil der Oberbürgermeister an diesem Tag mehrere Urkunden verleiht und er sicher nicht auf jedem Bild vertreten sein soll. Aber viel spannender ist ohnehin, die Jugendforscher zu fotografieren, wie sie den Inhalt der Urkunde lesen und sich darüber freuen. Oder wie sie engagiert in ihrem Labor stehen und begeistert an ihrem Forschungsprojekt arbeiten. Oder wie sie ihre Erfindung irgendwo ausprobieren.

Der Autor hat als Moderator Dutzende Male miterlebt, wie Fotos auf der Bühne für ein paar Fotografen gestellt wurden; das Publikum musste dabei stets zusehen. Ehrlich gesagt wedelt da der Schwanz mit dem Hund; die Daheimgebliebenen sind offenbar wichtiger als die Anwesenden. So etwas sollten Sie jedenfalls in Ihrem Unternehmen, in Ihrer Behörde nicht arrangieren. Eine Feier ist eine Feier und die Bühne ist kein Fotostudio. Punkt.

Gardiens de Bretagne

Canal de Bourgogne

Teil 2: Fotos entwickeln

Sind Sie nach dem Fototermin wieder im Büro, beginnt die Arbeit am Computer. Dazu benötigen Sie eine Software, die aus Ihren RAW-Dateien schrittweise perfekte Fotos macht. Zu fragen ist zunächst: Welche Software ist dafür geeignet? Und: Um welche Schritte handelt es sich?

Welche Software?

Bei der Software kommt es auf Ihre Ziele an: Wollen Sie Ihre Bilder auch verschlagworten und archivieren, um sie später schneller wiederzufinden? Und: Wollen Sie gelegentlich auch grafische Arbeiten erledigen, beispielsweise Bilder um Texte ergänzen oder Titelblätter erstellen? Wenn ja, dürfte für Sie Adobes Creative Cloud Foto-Abo die richtige Lösung sein.

Sie erhalten zu einem moderaten Abonnementpreis (rund 12 Euro pro Monat) die immer aktuell gehaltenen Versionen von Adobe Lightroom und Adobe Photoshop. Setzen Sie beide Programme ein, ist der gesamte Workflow von der RAW-Entwicklung bis zur Archivierung und vom weißen Blatt Papier bis zur fertigen Publikation abgedeckt. Die Adobe Foto Cloud ist ein Unterfall der Adobe Creative Cloud, die weit mehr Programme umfasst; hierfür ist ein deutlich höherer Preis fällig. Adobe spricht sich übrigens E-dou-bi aus, mit Betonung auf der Mittelsilbe "dou".

Der Begriff "Cloud" ist dabei irreführend. Die Programme werden lokal auf der Festplatte installiert. Auch die Fotos können Sie auf Ihren eigenen Laufwerken speichern und müssen sie nirgendwohin hochladen. In der Cloud wird nur geprüft, ob Sie, Ihre Firma oder Ihre Behörde noch Abonnent sind und die

Software nutzen dürfen. Sie können Photoshop und Lightroom auf zwei Rechnern (zum Beispiel Desktop und Laptop) installieren, aber nicht parallel benutzen. Ändert sich Ihr Equipment, melden Sie einfach den alten Rechner ab und einen neuen an.

Für Photoshop und Lightroom gibt es übrigens jede Menge Literatur, Tutorials, YouTube-Videos und (Udemy-) Online-Kurse. Sie können praktisch jede Frage bei Google eingeben und erhalten sofort eine Schritt-für Schritt-Anleitung. Suchen Sie "Photoshop Person freistellen" und Sie haben die Aufgabe in Sekunden erledigt.

Sollten Sie kein Abonnement wollen oder abschließen können, schauen Sie sich DxO Photo Lab, Luminar, ACDSee Pro oder Capture One an. Wie bei Photoshop und Lightroom gibt es hier Probeversionen oder einen Probemonat, so dass Sie die Programme in aller Ruhe anhand Ihrer Fotos ausprobieren können.

Es gibt auch Kamerahersteller, die eine eigene Software mitliefern oder zum Download anbieten. Der Funktionsumfang dieser Programme ist aber in vielen Fällen nicht ausreichend.

Wichtig ist, dass Sie alle Änderungen, die Sie vornehmen, wieder zurücknehmen können, ohne dass Sie gezwungen sind, die Datei immer wieder unter verschiedenen Namen zu speichern. Die Bildbearbeitung muss daher "non-destruktiv" erfolgen.

Welche Schritte?

Das folgende Zehn-Schritte-Programm entstammt der Zusammenarbeit des Autors mit dem Münchener Profi-Fotografen und Experten für die Foto-Nachbearbeitung Jörg Steffens (Hi-RES Imaging, https://hires-imaging.com/de/). Es handelt sich dabei um einfache Standardschritte im Rahmen der RAW-Entwicklung. Beachten Sie, dass es auf die Reihenfolge ankommt!

Diese Schritte lassen sich in allen Programmen durchführen. Im Folgenden sehen Sie Illustrationen aus dem Camera-RAW-Modul, das Bestandteil von Photoshop ist. Obwohl das nicht auf den ersten Blick erkennbar ist, greift auch Lightroom darauf zu; es bleibt daher Ihnen überlassen, von welchem Programm aus Sie die RAW-Entwicklung vornehmen.

Sie kommen automatisch zu "Camera Raw", wenn Sie im Dateimanager Ihres Rechners oder in Photoshop eine RAW-Datei öffnen. Haben Sie mehrere Fotos gemacht, empfiehlt es sich allerdings, zunächst den "Medienmanager" Adobe Bridge zu starten, der zu Photoshop gehört. Man könnte Bridge als Data Management System für Fotos und Videos bezeichnen. Sie erhalten Vorschauen auf Ihre RAW-Bilder, können die

Metadaten editieren und Sammlungen anlegen. Doppelklicken Sie dort auf ein Bild, dann übergibt Bridge es an Camera RAW.

Schritt 1: Objektivkorrekturen vornehmen

Das klingt schwerer als es ist. Ihre Software erkennt anhand der mit dem Bild gespeicherten Textdaten, welche Kamera und welches Objektiv Sie verwendet haben. Das Programm greift dann auf Datenbanken zu und korrigiert etwaige Verzeichnungen. Sie finden das Häkchen dazu auf der rechten Seite unter dem Reiter "Objektivkorrekturen".

Schritt 2: Das Bild begradigen

Der zweite Schritt sollte darin bestehen, das Bild zu begradigen. Es kommt häufig vor, dass Sie die Kamera beim Fotografieren leicht verkanten. Die Software behebt dieses Problem mit dem "Gerade ausrichten"-Werkzeug (siehe Cursormarkierung im Bild unten). Sie haben die Wahl, ob Sie es manuell nutzen (Einfachklick) oder die Begradigung automatisch durchführen lassen (Doppelklick). Da Sie wahrscheinlich nie eine "schiefe" Version dieses Fotos benötigen, können Sie diese Maßnahme getrost jetzt schon vornehmen.

Schritt 3: Das Bild optimieren

Nun können Sie unter dem Reiter "Grundeinstellungen" Einstellungen zur Belichtungskorrektur vornehmen (oder durch Klick auf das Wort "Automatisch" von der Software nach Algorithmen vornehmen lassen). Welche Möglichkeiten es gibt, zeigt der Screenshot auf der folgenden Seite. Probieren Sie ruhig einmal alle Einstellungen aus. Sie werden nach kurzer Zeit ein Gefühl dafür bekommen, mit welchem Regler Sie welche Wirkungen erzeugen - mit STRG+Z machen Sie alles schrittweise rückgängig.

Schritt 4: Bildrauschen mindern

Im nächsten Schritt geht es um das Bildrauschen. Vergrößern Sie dazu zunächst das Bild auf einen Wert von deutlich über 100 Prozent und schieben Sie den Regler "Luminanz" leicht nach rechts. Beobachten Sie, was geschieht. Vermindern Sie das Rauschen nur soweit wie nötig; weniger ist mehr.

Schritt 5: Dateiinformationen eingeben

Nun ist Ihr Bild im Rahmen dieser Standardschritte im Prinzip fertig entwickelt und Sie können es archivieren. Dazu klicken Sie in "Camera Raw" zunächst auf "Bild öffnen" - nun sind Sie in Photoshop. Unter Datei | Dateiinformationen sollten Sie zunächst alle Informationen eingeben, die Ihnen helfen, dass (a) das Bild nicht unberechtigt verwendet wird und (b) Sie es wiederfinden, wenn Sie es suchen.

Schritt 6: Das Bild speichern

Hierzu ist das TIFF-Format mit LZW-Kompression zu empfehlen. Im TIFF-Format (mit der Dateiendung .tif) wird Ihr
Foto verlustfrei gespeichert. Auch die Komprimierung führt
nicht zu einem Qualitätsverlust. Gleichzeitig machen Sie das
Bild universell nutzbar und können es später auch mit anderer
Software nahtlos weiterverarbeiten. Das TIFF (Tagged Image
File) Format ist also ein Arbeits- und Austauschformat mit guter Kompatibilität, das unter anderem Ebenen, Pfade und Al-
phakanäle unterstützt.

Schritt 7: Das aktuelle Bild erstellen

Nun können Sie die Bildversion erstellen, die Sie gerade jetzt,
zum Beispiel für eine Publikation, benötigen. Dazu stellen Sie
das "aktuelle finale" Foto nun durch Beschneiden (Auswahl-
werkzeug + Bild | Freistellen) her.

Schritt 8: Störungen im Bild entfernen

Nun schauen Sie sich das Bild bitte noch einmal genau an. Gibt es in dem von Ihnen vorgenommenen Zuschnitt im Hintergrund störende Elemente, beispielsweise Masten oder Zweige? Sind auf dem Bild Staubpartikel zu sehen, die sich auf dem Sensor verewigt haben (bis Sie eine Sensorreinigung durchführen)? Für solche Fälle bietet Photoshop den "Bereichsreparatur-Pinsel" (Kurzbefehl J) an. Im Beispiel unten rechts störten den Autor die senkrechten und waagerechten Fugen. Sie waren mit dem Bereichsreparaturpinsel schnell "weggetupft" - siehe Foto links.

Es gibt in Photoshop weitere faszinierende Korrekturwerkzeuge, beispielsweise den Kopierstempel, bei dem Sie eine Textur oder ein Bildelement aufnehmen und anschließend damit "malen".

108

Schritt 9: Bild schärfen

Viele Fotografen fragen, ob sie Fotos wirklich schärfen sollen. Die Antwort lautet "ja". Eine Schärfung des Bildmaterials sollte immer vorgenommen werden – auch bei Fotos, die aus Ihrer Sicht keine Korrektur benötigten.

Photoshop bietet mehrere Möglichkeiten, Schärfungen vorzunehmen. Die am häufigsten verwendete ist "Filter | Scharfzeichnungsfilter | Unscharf maskieren". Lassen wir mal außer Betracht, woher dieser Begriff kommt. Die Option bietet jedenfalls Einstellungsmöglichkeiten, die Sie noch schätzen werden. Sie können den Radius festlegen, den Schwellenwert und die Stärke der Schärfung. Auch hier, wie bei der Rauschreduzierung, sollten Sie übrigens mindestens eine 100%-Ansicht wählen, um den Effekt auch zu sehen.

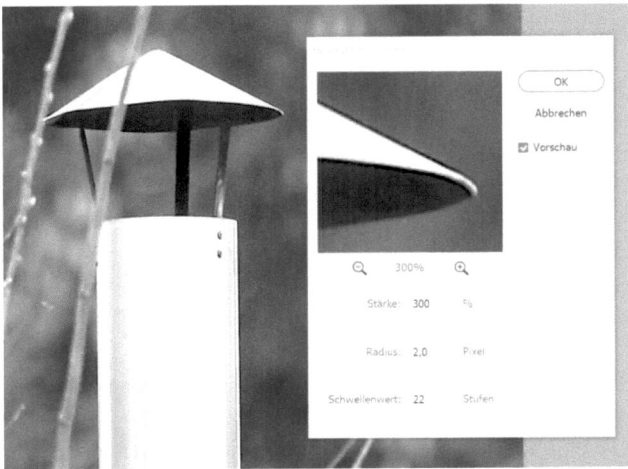

Die richtigen Werte für Ihr Bild hängen stark von dessen Größe ab. Im nächsten (dem zehnten) Schritt können Sie die Prozentwerte und Radius-Einstellungen ablesen. Bei einem großen Foto, das für den Offset-Druck vorgesehen ist, sollte die Schärfung 300 Prozent und der Radius 2,0 betragen. Man kann für den Radius aber auch die Faustformel dpi/150 verwenden. Arbeiten Sie mit 300 dpi, ist der Radius also 2,0.

Aber was ist überhaupt der Radius? Zitieren wir mal CHIP: "Photoshop zeichnet normalerweise ein Bild scharf, indem der Kontrast an den Kanten erhöht wird. Der Filter „Unscharf Maskieren" arbeitet anstelle von Kanten mit Pixeln. Es werden Pixel gesucht, die sich um einen von Ihnen angegebenen Schwellenwert von den benachbarten Pixeln unterscheiden. Der Kontrast dieser Pixel wird dann um einen gewünschten Wert erhöht. Das heißt, die helleren Pixel werden heller und die dunkleren Pixel dunkler. Mit dem Radius legen Sie den Bereich fest, mit dem jedes Pixel verglichen werden soll. Je größer der Radius, umso stärker sind die Effekte."

Der Schwellenwert ist "eine Toleranzgrenze" (CHIP). "Diese Grenze wird benötigt, wenn nicht alle Kanten geschärft werden sollen. Stellen Sie hier beispielsweise einen Wert von 10 ein, bedeutet dies, dass der Kontrastunterschied zwischen den nächstgelegenen Pixeln mindestens 10 Stufen betragen muss, damit dieser Bereich geschärft wird. Zunächst können Sie den Schwellenwert auf 0 setzen und sich dann im Ergebnis herantasten."

Zu empfehlen ist, bei jedem Bild ein wenig mit den drei Parametern zu experimentieren und die Ergebnisse zu vergleichen. Dabei gilt: Scharf ist gut, zu scharf wirkt künstlich.

Schritt 10: Bild exportieren

Die folgende Tabelle von Jörg Steffens ist hilfreich, wenn Sie etwas über die Zusammenhänge von ppi (gleich dpi, also Druck-Punkte pro Zoll), Dateigröße und Schärfung wissen wollen.

Verwendung	cm	ppi (dpi)	Pixel	Schärfung
Internet		72	276 K	100 / 1,0
Inkjetdruck	9x13	200-300	4,6 M	150 / 1,5
Offsetdruck		200-300	4,6 M	250 / 2,0

Verwendung	cm	ppi (dpi)	Pixel	Schärfung
Internet		72	1,5 M	150 / 1,0
Inkjetdruck	21x30	200-300	11-25 M	200 / 1,5
Offsetdruck		200-300	11-25 M	300 / 2,0

Bevor Sie nun allerdings Ihre Fotos voreilig beschneiden und im Menü Bild | Bildgröße verändern: Sprechen Sie zunächst mit dem Verlag oder der Redaktion,

- in welchem Dateiformat (TIFF, JPG),
- in welcher Größe (Originalgröße, reduzierte Größe)
- und in welchem Format (3:2, 4:3, 16:9 ...)

sie die Bilder gerne hätten. Dabei spielen auch so profane Fragen wie Grenzen von E-Mail-Accounts eine Rolle.

Zeitungen erbitten oft auch zwei Versionen des gleichen Fotos, beispielsweise für Online im 16:9-Format und für Print im 3:2- oder 4:3-Format. Wenn Sie es ganz perfekt machen wollen, sprechen Sie mit Verlag und Redaktion auch über die Positionierung des oder der Fotos. Bittet man Sie beispielsweise um ein einspaltiges Portrait-Foto im Hochformat, erkundigen Sie sich, ob das Foto rechts oder links auf der Zeitungs- oder Zeitschriftenseite erscheinen soll. Wenn rechts, lassen Sie die abgebildete Person aus ihrer Sicht nach rechts (ins Blatt hinein) schauen und umgekehrt.

Und, so selbstverständlich es für erfahrene Fotografen klingt, denken Sie immer daran: Sie können jedes Foto verkleinern, aber nicht vergrößern. Fotos sind Pixel-Grafiken. Vergrößerungen funktionieren nur bei Vektoren, zum Beispiel bei Text. Deswegen ist es gut, dass es Schritt 6 gibt und Ihr Foto immer noch als "Original" verfügbar ist. Übrigens: Nichts hindert Sie daran, Fotos als (bearbeitetes) TIFF *und* (ursprüngliches) RAW *und* letztendlich gedrucktes Foto zu speichern.

Weitere Bildbearbeitung mit Photoshop

Das Foto ist nun entwickelt und für den aktuellen Zweck versandt. Das bedeutet aber nicht, dass Ihre Bildbearbeitung damit beendet sein muss.

Bei Photoshop sind zwei Stufen der Bildbearbeitung und -korrektur zu unterscheiden:

Adobe Camera Raw	Adobe Photoshop
Erste Bearbeitung von RAW-Dateien	(Weitere) Bearbeitung *aller* Fotoformate

Laden Sie ein RAW-Bild in Photoshop, ruft die Software zunächst das Modul "Adobe Camera Raw" auf, das wie gesagt sowohl zu Photoshop wie auch zu Lightroom (und zu After Effects) gehört. Nach der "Entwicklung" in Camera Raw übergeben Sie das Foto zur weiteren Bearbeitung an Photoshop und gelangen damit in die rechte Seite der obigen Tabelle.

Haben Sie das RAW-Bild entwickelt (oder das Modul gar nicht durchlaufen, weil Sie mit Ihrer Kamera ein anderes Bildformat erzeugt haben) und wollen in Photoshop weitere Korrekturen vornehmen, vergessen Sie dazu bitte den Menübefehl Bild | Korrekturen; nutzen Sie zur Bearbeitung stattdessen Einstellungsebenen.

Mit Ebenen arbeiten

Um zu verstehen, was Einstellungsebenen sind, müssen Sie zunächst wissen, was Ebenen sind. Stellen Sie sich einfach einen dieser Overhead-Projektoren vor, die man früher verwendete. Man legte Folien darauf und sie wurden an die Wand projiziert.

Fragen wir uns zunächst: Warum konnte es sinnvoll sein, verschiedene Folien aufeinanderzulegen, statt alle Informationen auf einer Folie zu haben? Zum Beispiel wenn auf der ersten

Folie der Grundriss eines vorhandenen Hauses abgebildet war und auf der zweiten Folie der Planungsstand eines Erweiterungsbaus. Änderte sich die Planung, wechselte man die Folie des Erweiterungsbaus aus, die Grundfolie aber blieb.

In Photoshop würde das so funktionieren: Sie laden den Grundriss des Altbaus; er wird automatisch zur "Hintergrundebene". Dann erstellen Sie eine weitere Ebene und kopieren dort das ergänzende Bild des Neubaus hinein. Sie können nun beide Gebäudeteile allein oder beide zusammen anzeigen. Da sich die Grundrisse ergänzen, stören sich die Bilder nicht.

Die Hintergrundebene können Sie nur eingeschränkt bearbeiten; deswegen ist es eine gute Idee, mit einem Doppelklick im Register "Ebenen" aus der Hintergrund- eine normale Ebene zu machen.

Ebenen überblenden

Sie haben sehr viele Möglichkeiten, mit Ebenen zu arbeiten. Eine ziemlich verblüffende ist das automatische Überblenden. Dafür gibt es den Menübefehl "Bearbeiten | Ebenen automatisch überblenden". Die Funktion macht aus zwei Ebenen eine, hier würde das neue Bild beide Gebäudeteile enthalten.

Im Begleit-PDF zu diesem Buch sehen Sie auf Seite 27 zwei Figuren, einen Jungen und ein Mädchen. Die Figuren haben bewegliche Köpfe. Auf Seite 28 ist das gleiche Paar abgebildet, nur steht das Mädchen nun rechts. Auf Seite 29 sehen Sie eine von Photoshop mit der Ebenenüberblendung automatisch erstellte *Fotografie*. Aber: Stimmt das Wort jetzt eigentlich noch? Es gibt in der Realität nur *ein* Mädchen, nicht *zwei*. Können Sie irgendwie erkennen, dass dieses Foto "fake news" ist? Das ist jedenfalls sehr schwer und wohl eher eine Sache für Experten.

Es gibt noch ein zweites Beispiel für diese Technik im Begleit-PDF auf Seite 30. Das linke Foto fokussiert auf den Jungen (angesichts der absichtlich gewählten offenen Blende muss man genauer sagen: auf die Weste des Jungen), aber das Mädchen ist dort komplett unscharf. Das mittlere Foto fokussiert auf das Mädchen (genauer gesagt auf dessen Kopftuch), aber dort ist der Junge komplett unscharf. Beide Fotos (also beide Ebenen) sind dann von Photoshop mit dem Menübefehl "Bearbeiten | Ebenen automatisch überblenden" zum rechten Foto zusammengefügt worden. Tatsächlich ist dadurch so etwas wie ein annähernd vorzeigbares Bild entstanden, während man das linke und mittlere Bild eigentlich wegwerfen kann. Einen ähnlichen Effekt erzielt man übrigens mit dem Photoshop-Befehl Datei | Automatisieren | Photomerge.

Einstellungsebenen nutzen

Nun aber zu Einstellungsebenen, im englischen etwas treffender Adjustment Layer genannt, was nicht nur für Einstellung, sondern auch für Anpassung und Korrektur steht. Einstellungsebenen fügen einem Bild keine weiteren Elemente, sondern Eigenschaften hinzu. Sie wirken wie korrigierende Filter, die auf die darunterliegenden Ebenen Einfluss nehmen. Sie können mehrere dieser Filter übereinanderlegen und nach Belieben aktivieren oder deaktivieren, ohne das eigentliche Bild zu tangieren. Mit Einstellungsebenen arbeiten Sie komplett zerstörungsfrei.

Probieren Sie das doch einfach mal aus. Öffnen Sie ein Foto Ihrer Wahl, gehen Sie auf die Registerkarte Ebenen (Fenster |

Ebenen) und klicken Sie ganz unten auf den halb gefüllten Kreis. Sie erhalten eine Auswahl von Einstellungsmöglichkeiten (siehe unten). Klicken Sie auf eines dieser Angebote, kommen Sie in ein "Eigenschaften"-Bedienfeld. Dort finden Sie Regler zur Veränderung des Bildes.

Sind Sie fertig, klicken Sie wieder auf die Registerkarte "Ebenen". Nun können Sie mit dem "Auge"-Symbol neben der Einstellungsebene die Änderung ein- und ausschalten - das Bild selbst haben Sie ja nicht tangiert.

Gehen Sie nun mit einem Doppelklick auf das Ebenensymbol (nicht auf die weiße Fläche daneben) noch einmal auf die Einstellungsseite. Lassen Sie den Mauszeiger einen Moment über dem Schaltfeld (dieses Feld können Sie ein- und ausschalten)

mit dem Quadrat stehen. Sie lesen: "Diese Korrektur wirkt sich auf *alle* darunter liegenden Ebenen aus".

Nehmen wir einmal an, Ihre Ebenen sind (von oben nach unten) Einstellungsebene - Text - Bild. Sie würden mit der Einstellungsebene Text *und* Bild beeinflussen, eben *alle* darunter liegenden Ebenen. Wollen Sie nur den Text beeinflussen, klicken Sie auf das Quadrat. Dann wird die Korrektur auf *eine*, nämlich die nächste, Ebene beschränkt.

Nun kommt noch eine Variante der Bildbearbeitung mit Einstellungsebenen ins Spiel. Wenn sich die Einstellung nur auf Teile des Bilds beziehen soll, können Sie eine *Maske* erzeugen. Doppelklicken Sie dazu auf das (noch) weiße Rechteck in der Einstellungsebene.

Stellen Sie sich eine Maske bitte wie eine Glasscheibe vor, auf der teilweise (nicht überall) schwarzer Ruß ist. Dieser Ruß verhindert, dass die Einstellungsebene zur nächsten Ebene oder allen Ebenen durchdringen kann. Wo Ruß ist, wird die Einstellung unwirksam.

In Photoshop tragen Sie den Ruß mit einem Pinsel auf. Wählen Sie in der Werkzeugleiste einen Pinsel aus, setzen die Malfarbe auf schwarz und in den Werkzeugeigenschaften die Pinselgröße zum Beispiel auf 72 Punkt. Führen Sie den Pinsel dann über die Bereiche des Bildes, die "maskiert" werden, von der Einstellungsebene also untangiert bleiben sollen.

Sie können auch umgekehrt vorgehen, nämlich das ganze Bild mit dem Fülleimer mit schwarz überziehen, um dann die Bereiche, die verändert werden sollen, mit weißer Farbe zu kennzeichnen. Solche Masken werden mit der Einstellungsebene gespeichert und können von Ebene zu Ebene unterschiedlich sein.

Die Arbeit mit mehreren Ebenen gibt Ihnen eine Menge Einflussmöglichkeiten auf Ihr Bild. Vergessen wir aber nicht, dass Sie natürlich auch in ein und derselben Ebene Bildbearbeitungsoptionen haben, entweder aufs ganze Bild bezogen oder selektiv innerhalb der Auswahl, die Sie treffen. Selbst den Camera-RAW-Filter können Sie noch einmal aufrufen, obwohl es sich nicht oder nicht mehr um ein Bild im RAW-Format handelt.

Tonwertkorrektur und Gradationskurven

Werfen Sie mal einen Blick auf das Instrument "Bild | Korrekturen | Tonwertkorrektur". Die Kurve stellt eine Tonwertverteilung dar, auch Histogramm genannt. Für jeden Punkt im Bild gibt es einen Punkt im Histogramm. Ist der Punkt dunkel, wird er links eingetragen, ist er weiß, wird er rechts eingetragen. Das Histogramm zeigt Ihnen nicht nur, ob das Bild eher dunkel oder eher hell ist, es zeigt Ihnen auch, ob Sie das gesamte Spektrum an Farben ausnutzen. Über die Tonwertkorrektur haben Sie nun die Möglichkeit zur Optimierung. Dafür gibt es drei kleine Anfasser-Punkte unterhalb des Histogramms. Die äußeren ziehen Sie - für jeden Farbkanal einzeln - an den Beginn bzw. das Ende des Histogramms. Lassen Sie sich nicht davon irritieren, dass anfangs das Bild einen Farbstich bekommt. Wenn Sie diese Schritte für alle Kanäle gemacht haben, ist zum Ende wieder alles in Ordnung. Anschließend können Sie über den mittleren Regler die Helligkeit des Bildes anpassen. Zum Schluss können Sie noch die Gradationskurve ("Bild | Korrekturen | Gradationskurven") verändern; sie dient zur Kontrastverbesserung des Fotos.

Teil 3: Videos drehen

Sie könnten reklamieren: Wir sind schon deutlich in der zweiten Hälfte dieses Buchs und erst jetzt kommen Videos vor. Das ist richtig, aber es hat seinen Grund. Nur wer die Fotografie beherrscht, kann gute Videos drehen. Ganz viele Kameraleute haben nicht als Kameraleute angefangen, sondern als Fotografen. Außerdem brauchen Sie das ganze Wissen, das Sie bis hierhin gesammelt (oder aufgefrischt) haben, auch beim Videofilmen. Ob ISO, Blende, Fokus, Licht, Bildkomposition, das alles spielt bei Videoaufnahmen eine genau so große Rolle wie bei der Fotografie.

Genre "Dokumentation"

Definieren wir zunächst den Maßstab. Es ist nicht schwer, Ihren Fotoapparat, der Videos in HD- oder sogar 4K-Qualität erstellt, auf ein Stativ zu setzen, sich (oder Mitarbeiter Ihres Hauses) davor zu stellen, den Video-Aufnahmeknopf zu drücken und etwas in die Kamera zu sagen oder sagen zu lassen.

Dieser Videotyp hat seine Berechtigung. Nicht nur bei Lehr- und Influencer-Videos, wie man sie bei YouTube oder Udemy häufig findet. Auch in Ihrem Fall, in Wirtschaft und Verwaltung, kann man sich die direkte Ansprache von Adressaten vorstellen. Zum Beispiel wenn Sie Ihren CEO, der gerade im Ausland ist, bei einer Kundenveranstaltung einspielen: "Leider kann ich heute nicht bei Ihnen sein." Oder wenn es um Mitteilungen des CFO zu einer neuen Strategie des Unternehmens geht. Immerhin kann man im Bild mehr sehen als die wohl abgewogenen Worte hergeben, die nach mehrfacher Compliance-Prüfung in einer Presseerklärung übriggeblieben sind.

Im Fernsehen werden Sie eine direkte Hinwendung an die Zuschauer aber nur selten erleben. Bei Moderationen oder Korrespondentenbeiträgen, ja da schon. Aber kein Redakteur würde einen Politiker, einen Verwaltungschef oder einen Unternehmer bitten, direkt in die Kamera zu schauen und sich unmittelbar ans zuschauende Volk zu wenden. Ausnahmen wie die Weihnachts- und Neujahrsansprache sind uns gerade deswegen als (ziemlich antiquierte) Instrumente so präsent.

- Ihr Maßstab sollte nicht das Internet-Frontal-Video in Ich-Form, sondern die Fernseh-Dokumentation sein.

Damit Sie verstehen, was damit gemeint ist, spielen wir zwei Videos gedanklich durch.

Fall 1: Einer der drei Vorstände der örtlichen Sparkasse, Peter T., geht in Pension. Er war 40 Jahre für die Bank tätig. Sie sollen einen dreiminütigen Film darüber produzieren, der auf der Website der Sparkasse und der Gewährträger-Kommunen sowie bei Facebook abrufbar sein soll.

Fall 2: In Ihrer Stadt wird eine neu gebaute Mittelschule eingeweiht. Sie sollen den Bürgern die Schule in einem Fünf-Minuten-Video präsentieren sowie erläutern, warum sie gebaut wurde.

Legen Sie dazu zunächst die *Einstellungen* beider Filme fest. *Einstellungen* sind Bilder ohne Unterbrechung, die kleinste Einheit des Films. Man kann sie auch *Szenen* nennen. Legen Sie dann fest, in welcher Reihenfolge die Einstellungen im Film verwendet werden sollen. Bestimmen Sie abschließend, in welcher Reihenfolge Sie die Einstellungen drehen.

Im Fall der Sparkasse könnte man sich beispielsweise folgende Einstellungen vorstellen:

Wie die Sparkasse vor 40 Jahren aussah,
wie Peter T. vor 40 Jahren aussah,
was in seinem ersten Arbeitsvertrag stand,
was Peter T. zu seiner Karriere sagt,
was andere über Peter T. sagen,
wie die Sparkasse heute aussieht,
wie Peter T. sich von seinen Kollegen verabschiedet,
wie er mit einem Karton das Haus verlässt,
und wer der Nachfolger von Peter T. sein wird.

Beim Thema Mittelschule ist es ähnlich. Sie wollen vielleicht

mit dem Rektor sprechen,
den Bürgermeister zu den Baukosten befragen,
die Schüler in den Klassenräumen abbilden,
Fotos zur Geschichte der Mittelschule zeigen,
das Haus von außen präsentieren,
Passanten befragen, ob's gelungen ist,
eine Balkengrafik zur Schülerentwicklung erläutern
und mit einem "Aufsager" das Ganze bewerten.

In beiden Fällen nutzen Sie viele Darstellungsformen, beispielsweise das Interview, die Straßenbefragung sowie Gebäude- und Landschaftsansichten. Sie zeigen auch Fotos, Dokumente und Infografiken. Jede dieser Darstellungsformen erfordert grundlegende Kenntnisse, über die wir im Folgenden sprechen werden.

Zu berücksichtigen ist auch, dass es in allen Fällen zwei Ebenen gibt: Bild und Ton. Sie können identisch sein (beim Interview mit einer im Bild befindlichen Person), können gewollt auseinanderlaufen (zum Beispiel wenn der Interview-Ton mit anderen Bildern unterlegt wird) und können gezwungenermaßen auseinanderlaufen, weil es zu Fotos, Dokumenten, Infografiken, Landschaftsbildern und auch manchen aktuellen Szenen keinen O-Ton (Originalton) gibt.

Interviews - Bild

Die wichtigsten Bausteine Ihres Videos sind Interviews und Statements.

Sie wollen wissen, was Peter T. zu seiner Karriere bei der Sparkasse sagt und was andere über Peter T. sagen. Sie wollen mit dem Rektor über die Notwendigkeit des Neubaus der Mittelschule sprechen und vom Bürgermeister etwas über die entstandenen Kosten erfahren.

Jeden Tag können Sie das Setting dafür im Fernsehen beobachten. Es besteht meist darin, dass Reporter, die selbst nicht im Bild ist, Fragen stellen. Die Befragten schauen nicht in die Kamera, sondern immer auf die Fragesteller.

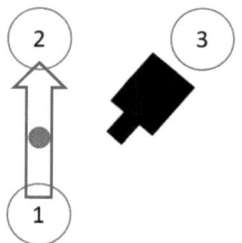

Im Bild links: Sind Sie zu zweit am Set, gilt:

1 = Ihr Gesprächspartner
2 = Sie
3 = Kameramann/frau

Der kleine Punkt symbolisiert das Mikrofon.

Entsprechend versetzt ist die Blickrichtung der Person, die interviewt wird, wie in diesen beiden Beispielen.

Nun werden Sie das Interview allerdings meist nicht zu zweit führen, sondern mit dem Gesprächspartner allein sein. Dann haben Sie zwei Möglichkeiten.

Entweder Sie stellen die Kamera ein (die sowieso zwingend auf einem Stativ steht) und lassen sie ohne Aufsicht laufen, dann können Sie sich an die Position 2 begeben. Oder Sie wollen lieber hinter der Kamera (Position 3) stehen bleiben, dann müssen Sie Ihren Gesprächspartner bitten, sich *vorzustellen*, dass Sie an Position 2 stehen.

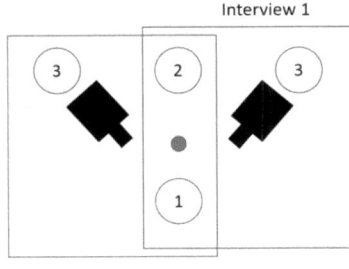

Ein Tipp nebenbei: Gibt es mehrere Interview-Partner in Ihrem Video, lassen Sie doch mal einen nach links und einen nach rechts schauen!

Nun noch ein weiteres Thema. Die meisten Interviews werden nur mit einer Kamera gefilmt. Das führt dazu, dass Interviewer nicht im Bild sind. Möchten Sie im Video selbst erscheinen, sollten Sie die Aufnahmen zunächst abschließen, Ihren Gesprächspartner verabschieden und dann die Kamera nochmal auf sich selbst ausrichten. Sie lassen sich nun beim (scheinbar) aufmerksamen Zuhören und Kopfnicken filmen. Oder Sie stellen eine der Fragen nochmal, die Sie vorhin aus dem Off gestellt haben. Anschließend kombinieren Sie "Ihre" Aufnahme im Schnittprogramm mit der Aufnahme des Gesprächspartners.

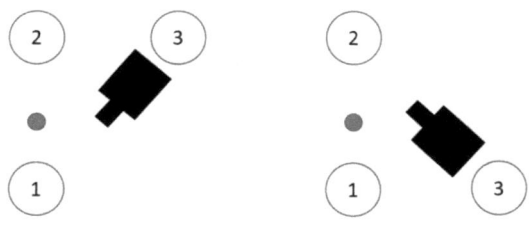

Aber Achtung: Sie standen bei der Aufnahme des Interviews (Zeichnung links) real oder theoretisch an Position 2. Es wäre daher ein Denkfehler, nun einfach die Position 1, also die des Befragten, einzunehmen und die Kamera stehen zu lassen. Das würde man am Hintergrund sofort erkennen. Stattdessen bleiben Sie an Position 2 stehen und die Kamera wechselt den Standort (Zeichnung rechts).

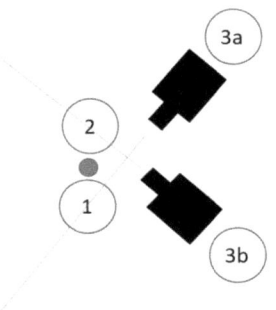

Denn: So wäre das Szenario, wenn die Aufnahme mit zwei Kameras stattgefunden hätte. Haben Sie tatsächlich zwei Kameras zur Verfügung, können Sie sich an dieser Zeichnung orientieren.

Notwendig ist das Selbst-auch-mal-im-Bild-Sein allerdings nicht. Viel eleganter ist es, wenn Sie später, am PC, aus dem Off das Geschehen kommentieren. Beispiel:

Bild: Schüler laufen aus den Klassenräumen der Mittelschule in Richtung Pausenhof. Ton, Sie (aus dem Off): "Die Schüler der Mittelschule jedenfalls sind sich einig: Mit so einem tollen Gebäude hatten sie nicht gerechnet. Das hat allerdings auch eine Stange Geld gekostet."

Bild und Ton Bürgermeister (Interviewszene): "Die Schule hat 12 Millionen Euro gekostet. Aber wir haben viele Zuschüsse vom Land erhalten."

Bild und Ton Rektor (Interviewszene): "Die Renovierung der alten Schule wäre teurer gewesen. Allein der Brandschutz hätte Millionen verschlungen. Die Aula müssen Sie eigentlich abziehen; die wird ja auch als Stadtsaal genutzt."

Bild: Leere Aula mit Bühne und vielen Stühlen. Ton, (Sie, aus dem Off): "Und die ist für die nächsten Monate schon fast ausgebucht. Bürgerversammlungen, Fasching, Kabarett. Die Stadt hat lange auf so einen Saal gewartet."

Bild und Ton Bürgermeister (Interviewszene): "Bisher hatten wir nur unser Sportzentrum. Da roch es aber immer nach Schweiß."

Im Skript-Beispiel gab es kleine Interview-Einspieler zwischen Reportagebildern. Es geht auch genau umgekehrt: Sie machen kleine Reportage-Einspieler während des Interviews. Das wäre dann etwa so:

Bild und Ton Bürgermeister (Interviewszene): "Bisher hatten wir nur unser Sportzentrum. Da roch es aber immer nach Schweiß."

Bild: Einstellungen vom Sportzentrum: Tartanbahn, Turnhalle, Umkleidekabine, Versammlungsraum, Restaurant.

Währenddessen läuft der Ton des Bürgermeister-Interviews weiter: "Wissen Sie, ein Sportzentrum ist gut für Sport. Die Sportler fühlen sich dort wohl. Es gibt großzügige Umkleidekabinen. Die Vereine können da auch ihre Mitgliederversammlungen machen und gemeinsam feiern. Aber für ein Klavierkonzert, ein Theaterstück oder eine große Hochzeit brauchen wir doch etwas Besseres."

Bild und Ton Bürgermeister (Interviewszene): "Daher sind wir sehr glücklich über unsere neue Aula."

Wenn Sie lange Interviews mit der gleichen Person führen, können Sie das Gespräch übrigens auch mit zwei Kameras aufnehmen, einer von links und einer von rechts. Beim Schnitt lassen Sie den Ton durchlaufen, setzen aber mal die eine und mal die andere Videosequenz darüber.

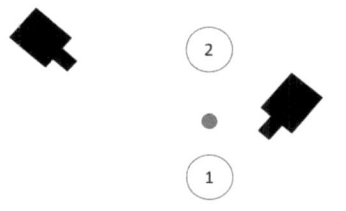

Im Bild links: Szenario mit zwei Kameras unter Verwendung unterschiedlicher Brennweiten.

Interviews - Ton

Nun wird es höchste Zeit, dass wir über den Ton sprechen. Dazu eine Vorbemerkung. Viele Kameras haben eingebaute Mikrofone. Keiner weiß, wofür. Es kann nicht richtig sein, dass Sie mit Ihrer Kamera wegen des Tons ganz nah ans Motiv müssen, egal ob Sie nun ein Weitwinkel- oder ein Teleobjektiv aufgesetzt haben. Außerdem entstehen beim Filmen viel zu viele Nebengeräusche. Nehmen Sie den Ton daher unbedingt mit einem darauf spezialisierten Audiogerät auf - möglichst an der Quelle oder bei Einsatz von Lautsprecheranlagen am Lautsprecher. Ideal sind dazu die Geräte der Firma Zoom. Ein H-1n Aufnahmegerät mit einem Lavalier-Mikrofon kostet nur 98,50 Euro. Anschließend, beim Videoschnitt, mischen Sie den aufgenommenen Ton dann mit den Videosequenzen.

Beim Interview sollten Sie den Ton natürlich direkt beim Interviewten abnehmen; es gibt ja keine Verstärker und Lautsprecher wie bei einer Veranstaltung. Dazu gibt es vier mögliche Settings.

Setting 1: Bei Interviews, bei denen Sie genug Zeit haben. den Interviewten zu verkabeln, stecken Sie ihm ein Lavalier-Mikrofon an und übergeben ihm das (sehr leichte) Aufnahmegerät, das er beispielsweise - nachdem Sie die Aufnahme gestartet haben - in seine Jackentasche steckt. Achten Sie beim Anstecken des Mikros darauf, die Kleidung Ihres Gesprächspartners nicht zu beschädigen. Außerdem müssen Sie natürlich größtmögliche Distanz wahren.

Setting 2: Sie können das Aufnahmegerät auch wie ein Handmikrofon (eine sogenannte "Keule") verwenden und so halten, dass der Gesprächspartner hineinsprechen kann. Das Gerät darf dabei ruhig im Bild sein. Besonders professionell sieht es aus, wenn Sie einen Windschutz (siehe die Abbildung auf der nächsten Seite) auf das Mikro aufschieben. Übergeben Sie das Aufnahmegerät in diesem Fall nicht Ihrem Gesprächspartner; wenn jemand ein Mikro selbst in der Hand hält, suggeriert das eine Rede und kein Interview. Allerdings muss das Mikro aus genau der Richtung kommen, an der Sie (angeblich) stehen (vorige Seite, Position 2). Stehen Sie da nicht, sollten Sie das folgende Setting verwenden.

Setting 3: Da das Aufnahmegerät ein 1/4-Zoll-Stativgewinde hat und auf jedes handelsübliche Stativ aufgeschraubt werden kann, können Sie sich ein Standmikro bauen, siehe Abbildung auf der nächsten Seite. Ein Stativkopf ist dazu nicht erforderlich (schadet aber auch nicht).

Mit etwas mehr Aufwand können Sie zwei Fliegen mit einer Klappe schlagen. Wenn Sie wie im Foto unten eine Metallschiene (ca. 16 Euro) verwenden, können Sie neben dem Mikrofon auch noch eine kleine Kamera befestigen.

Diese Kamera kann zwei Funktionen erfüllen. Sie ist zum einen Ihr Backup für Bild und Ton. Lassen Sie den Apparat im Full-HD-Videomodus bei Aufnahmen einfach mitlaufen. Das ist zwar nicht Ihre Wunschqualität und vor allem sieht man Ihren Gesprächspartner bei dieser Kamera frontal, relativ nah und weitwinklig; das wollen Sie alles nicht. Aber im Notfall würde das für eine kurze Einspielung reichen; Sie kämen jedenfalls nicht ohne Ergebnis ins Büro zurück. Die zweite Funktion: Sie können mit diesem Setting auch "Aufsager" aufnehmen, also direkt in die Kamera gesprochene Sätze. Brauchen Sie dafür Stichworte, können Sie eine Karteikarte verwenden, die Sie unter der Kamera mit Magneten fixieren.

Hintergrund: Schulgebäude mit spielenden Schülern auf dem Hof. Aufsager: "Die Mittelschule erfüllt offenbar viele Ansprüche. Einen allerdings nicht: Lehrer und Schüler wünschen sich, dass die Schule auch eine Bushaltestelle erhält, denn im Moment ist der Weg zur Haltestelle weit. Darüber soll der Stadtrat im nächsten Jahr entscheiden. Noch fehlt das Geld dafür."

Möglichkeit 4: Sie können den Ton "angeln". Das bedeutet, dass Sie das Mikrofon an einer Stange befestigen, die jemand möglichst nah an den Kopf des Gesprächspartners heranführt. In diesem Fall gilt es als Fehler, wenn das Mikrofon im Bild ist. Da das aufwändig ist, gehen wir von den Möglichkeiten 1 bis 3 aus.

Straßenbefragungen sind übrigens im Prinzip das Gleiche wie Interviews. Beim Ton werden Sie wahrscheinlich auf die Variante 2 (Handmikro) zurückgreifen. Beim Bild kann man von den hohen Anforderungen beim Interview - die Kamera steht auf einem Stativ und wird exakt ausgerichtet - vielleicht absehen; hier würde es nach einiger Übung ausnahmsweise ausreichen, wenn Sie die Kamera schultern oder in der Hand halten.

Bewegung schaffen

Neben dem Interview kommen in Dokumentationen sehr häufig Bilder von Landschaften und Gebäuden vor. Auch in "unseren" beiden Videos ist das der Fall.

Sie zeigen, wie die Sparkasse heute aussieht, filmen das neue Schulgebäude und zeigen Schüler in den Klassenräumen.

Wenn Sie sich Dokumentationen im Fernsehen anschauen, werden Sie vier Arten von Bewegungen erkennen. Sie unterscheiden sich dadurch, was sich eigentlich genau bewegt.

Var.	Motivbewegung	Kamerabewegung
1	nein	nein
2	ja	nein
3	nein	ja
4	ja	ja

Variante 1: Die Kamera wird wie ein Fotoapparat eingesetzt. Sie bewegt sich während der Aufnahme nicht. Auch im Motiv - zum Beispiel eine Landschaft, ein Haus - gibt es keine sichtbaren Bewegungen im Bild, außer leichten Veränderungen aufgrund des Winds.

Diese Einstellung findet sich in Dokumentarfilmen, aber nicht sehr häufig. Sie können sie trotzdem durchaus das ein oder andere Mal einsetzen. Die Länge der Einstellung sollte sich dann eher am unteren Rand der Skala (heutzutage zwischen sieben und zehn Sekunden) einpendeln.

Variante 2: Die Kamera ist fix, aber im Bild gibt es eine "dominante" Bewegung: Menschen legen Wege zurück, ein Auto fährt vorbei, Enten schwimmen, Pflanzen biegen sich im Wind. Für den Betrachter wird klar: Genau diese Bewegung wollen Sie auch zeigen, selbst wenn es vielleicht in Wirklichkeit um etwas Anderes geht, zum Beispiel um das Gebäude, auf das die Menschen zustreben.

Diese Einstellung gibt es sehr oft in Dokumentarfilmen. Sie erzählt praktisch eine kleine Geschichte, lässt die Zuschauer an einem bestimmten Moment teilhaben.

Sparkassen-Vorstand Peter T. schüttelt Menschen die Hand und umarmt sie. Er nimmt einen Umzugskarton und verlässt das Haus. Auch diese Einstellungen fallen unter Variante 2.

Ein gängiges Beispiel ist, Personen, die gleich Interview-Partner sein oder ein Statement abgeben werden, "zuvor" zu zeigen, wie sie einen Gang durchschreiten, um dann in ihr Büro einzubiegen. Diese Aufnahmen werden übrigens meist nach dem Interview gedreht, aber das weiß ja keiner.

OFF, während Meier den Gang entlangschreitet: "Einer der Experten, die seit Langem für eine Reform des Arbeitsrechts eintreten, ist Professor Peter Meier von der Universität Hamburg. Meier unterrichtet das Fach "Neue Arbeitsökonomie" und hat mit einem

Buch zum Thema "Warum faul sein sinnvoll ist" einen
großen Erfolg erzielt. Dann folgt das Interview ...

Bei dieser Methode, Menschen vorzustellen, kann dann auch
noch alles Mögliche symbolisiert werden. Meier beugt sich
über die Schulter eines Mitarbeiters, zeigt mit dem Finger auf
eine Stelle auf dem Bildschirm, worauf der Mitarbeiter
glücklich nickt - das ist ein Chef, wie er im Buche steht.

Damit die sich bewegenden Personen oder Gegenstände nicht
unscharf werden, verwenden Sie bei Variante 2 den Nachführ-Autofokus AF-C!

Bei Variante 3 kehren wir wieder zum Ausgangspunkt zurück: Im Bild tut sich nichts. Sie wollen aber keine Standbil-
der machen. Also bewegen Sie *die Kamera.* Das ist prinzipi-
ell akzeptabel - und in Dokumentationen häufig zu sehen
(wenn auch Variante 2 gefühlt öfter vorkommt).

Damit ist aber nicht gemeint, dass Sie während der Aufnahme
den Zoom betätigen. Sie können gerne von der Landschaft
über den Wald bis zum Tannenzapfen zoomen, aber zwischen
den Aufnahmen. Sie werden solche Zoom-Bewegungen in
Fernsehdokumentationen auch kaum finden.

Ähnliches gilt für Schwenks rund um die eigene Achse. Sie
werden es selbst mit einem guten Video-Stativ kaum hinbe-
kommen, einen langen Schwenk ruckelfrei zu bewältigen. Es
kommt aber noch etwas hinzu. Kommen bei diesem Schwenk
im Vorder- oder Mittelgrund Elemente ins Bild, zum Beispiel
ein Baum, dann springt der Autofokus um. Er weiß ja nicht,
worauf Sie den Schwerpunkt setzen.

Generell gilt: Überlegen Sie, ob Sie bei einer Aufnahme, bei der sich die Kamera bewegt, den Autofokus (AF-C) ein- oder ausschalten. Es könnte sein, dass er mitten in der Bewegung die Schärfe nachstellt. Eine gleichbleibende manuelle Fokussierung könnte in vielen Fällen die bessere Wahl sein.

Nicht Schwenken, nicht Zoomen, was bleibt dann? Es gibt durchaus gute Möglichkeiten. Eine besteht darin, einen Slider einzusetzen.

Ein Slider ist eine meist 80 oder 100 cm lange Schiene, auf der Sie Ihre Kamera befestigen. Sie können sie auf einen Tisch oder eine Mauer stellen oder auch auf einem (stabilen) Stativ montieren. Nachdem Sie die Videoaufnahme gestartet haben, führen Sie die Kamera mit einem Finger langsam vom einen zum anderen Ende des Sliders. Die Kamera gleitet, ohne senkrechte Ruckler und - mit ein wenig Übung - auch horizontal gleichmäßig auf der Schiene.

Das Bild, das dabei entsteht, hat nichts mit Überblick oder Panorama zu tun; Sie werden es mit einem Slider beispielsweise nicht schaffen, eine Landschaft oder auch nur einen Raum gänzlich abzubilden. Darum geht es auch gar nicht. Es geht allein darum, dass die leichte Bewegung im Bild das "Gefühl von Film" schafft.

Eine zweite etwas aufwändigere (aber trotzdem ebenso kostengünstige) Möglichkeit besteht darin, einen Kamerakran einzusetzen. Das klingt viel komplizierter als es ist. Stellen Sie sich einfach einen Schlagbaum vor; er hat an seiner kurzen Seite ein Gewicht, so dass sie ihn ohne großen Kraftaufwand öffnen und schließen können. So ähnlich funktioniert ein Kamerakran, nur mit dem Unterschied, dass am langen Ende eine Kamera befestigt ist und Sie den Schlagbaum nicht nur in der Senkrechten, sondern in alle Richtungen bewegen können.

Der Kamerakran erfordert, wie auch der Slider, ein stabiles Stativ. Das bedeutet aber nicht, dass Sie nun Equipment ohne Ende mit sich herumschleppen müssen. Zum einen können Sie den Kamerakran auf eine sehr kleine Form reduzieren. Zum anderen können Sie Ihr ohnehin vorhandenes Stativ für Fahrten mit dem Kran verwenden - Ihre Kamera ist ja jetzt vorübergehend auf dem Kran montiert.

Die Bilder, die Sie mit einem Kamerakran nach einiger Übung erhalten, sind sehr interessant. Nehmen wir mal an, Sie filmen eine Statue in einem Park. Die bewegt sich natürlich keinen Zentimeter. Wenn Sie sie aber beispielsweise mit einem Kameraschwenk von oben nach unten aufnehmen, generieren Sie mehr Informationen als bei einem Foto, lenken den Blick der Zuschauer und erhalten zusätzlich noch unterschiedliche Hintergründe.

Außerdem ist die Kran-Komponente nicht zu verachten. Sie bekommen Perspektiven, die Sie sonst nur mühsam herstellen könnten. Sie filmen von der Decke herab oder setzen die Kamera bequem fast auf den Boden auf. Sie filmen von außen in ein Auto hinein oder fahren mit der Kamera an einer Hauswand entlang. Durch die geschickte Kombination des Stativs mit dem Kran können Sie auch eine Neigung nach unten und oben einstellen. Sie haben alle Freiheitsgrade: vor, zurück, herauf, herunter, links, rechts sowie nicken und rollen.

Eine interessante Einsatzmöglichkeit von Slider und Kran besteht darin, Objekte abzubilden, die eigentlich gar nicht in einen Film gehören, zum Beispiel Dokumente, Bücher, Fotos oder Zeichnungen. Auch in diesem Fall können Sie Bewegung ins Bild bringen, indem Sie ein Foto mit der Kamera "abfahren". Hier ist der Slider geradezu in seinem Element, weil er ja nur zwei Richtungen kennt. Das geht auch, wenn das Foto nur elektronisch vorliegt. Lassen Sie es einfach auf dem Monitor anzeigen und bewegen Sie die Kamera entlang des Monitors.

Nun noch zu Variante 4, bei der sich Motiv und Kamera bewegen. Viel gibt es dazu nicht mehr zu sagen, außer, dass Sie damit zwei Bewegungen scheinbar addieren, im Kopf des Betrachters aber möglicherweise multiplizieren. Will heißen: Das kann man machen, vor allem wenn das sich bewegende Objekt (zum Beispiel ein Auto auf einer Straße) weiter weg ist. Vorsicht aber bei naher Objekt- und zusätzlicher Kamerabewegung - das könnte zu viel sein.

Infografiken

Gerade für Videos, die in Wirtschaft und Verwaltung entstehen, sind Infografiken interessant. Aber kommen Sie bitte nicht auf den Gedanken, herkömmliche Powerpoint-Charts in den Film einzuklinken (was technisch problemlos möglich ist). Erinnern Sie sich stattdessen daran, dass Sie soeben dabei sind, einen Film zu machen. Und Filme enthalten Bewegtbilder.

Eine einfache Möglichkeit, Infografiken zu erstellen, besteht darin, ein Powerpoint-Chart zu erstellen, es aber im Video nach und nach aufzubauen. Nehmen wir an, Sie wollen eine Entwicklung in den letzten drei Jahren verdeutlichen. Dann zeigen Sie zunächst das Chart mit der linken Säule, die das erste Jahr repräsentiert. Als nächstes folgt das Chart mit der linken und der mittleren Säule (Jahre 1 und 2). Zuletzt kommt das Chart, das die gesamte Entwicklung (Jahre 1, 2 und 3) aufzeigt. Natürlich hätte es bei einer Präsentation im Vortragssaal genügt, nur das dritte Chart zu zeigen. Wir aber sind beim Film und daran interessiert, dass sich auf der Leinwand etwas tut.

Es gibt ganze Studiengänge zu Infografiken. Und jeden Tag gibt es tolle neue in der Tagesschau oder bei heute. Für Videos in Wirtschaft und Verwaltung gilt schlicht: Weniger ist mehr. Die Dynamisierung von Powerpoint-Charts im gerade beschriebenen Sinn ist daher für Infografiken in Ihrem Video tatsächlich schon eine ausreichende Methode, denn Sie werden ja höchstens eine Grafik dieser Art in Ihrem Video haben. Alles andere sollten Sie aus dem Off verbalisieren oder jemanden sagen lassen.

Disposition und Continuity

Sie haben nun die wesentlichen Möglichkeiten zu den *Einstellungen* in Ihren Videos kennengelernt. Nun machen Sie eine Liste der Einstellungen, die Sie für die einzelnen Inhalte für richtig halten. Beispiel:

mit dem Rektor sprechen: Interview,

den Bürgermeister zu den Baukosten befragen: Interview

die Schüler in den Klassenräumen abbilden, Schüler, die ihre Plätze einnehmen (Objektbewegung)

Fotos zur Geschichte der Mittelschule zeigen: Fotos mit Slider abscannen (Kamerabewegung)

das Haus von außen präsentieren: Kamerafahrt mit dem Kran

Passanten befragen, ob's gelungen ist: Straßenbefragung mit Handmikro

eine Balkengrafik zur Schülerentwicklung erläutern: drei Charts aufbauen lassen

und mit einem "Aufsager" das Ganze bewerten: Aufnahme vor der Schule

Anschließend erstellen Sie eine *Disposition* (gleich "Dispo"). Wann drehen Sie wo welche Szenen? Daraus ergeben sich natürlich auch Anforderungen an das Equipment, das Sie am jeweiligen Tag benötigen.

Es ist wohl unnötig, zu schreiben, dass die Dispo vorsehen kann, Szenen in anderer Reihenfolge zu drehen als später gezeigt werden. Das ist bei Film und Fernsehen gang und gäbe. Dabei gibt es allerdings eine Tücke, die heißt *Continuity*. Nehmen wir mal an, Sie filmen den Sparkassendirektor Peter T., wie er im blauen Anzug die Sparkasse betritt. Am nächsten Tag drehen Sie, wie er sich im hellen Anzug verabschiedet. Das ist jetzt keine Todsünde, aber Sie sollten Peter T. vielleicht bitten, an beiden Drehtagen das Gleiche anzuziehen. Spitzfindige Zuschauer könnten sonst annehmen, T. *wohne* auch in dem Kreditinstitut.

Einige Schlussbemerkungen: Anders als früher belichten Sie keinen Film, mit dem Sie geizen müssen. Schalten Sie also Ihre Kamera vor der eigentlichen Aufnahme ein und nach der eigentlichen Aufnahme ab. So haben Sie genug Material zum Schneiden. Bitten Sie Ihren Gesprächspartner bei Interviews auch, nach der letzten Antwort einen Moment zu verharren.

Was für die Kamera gilt, gilt für den Ton ebenfalls: Nehmen Sie mit, was Sie kriegen können. Ausschalten können Sie Ihr Aufnahmegerät immer noch. Das heißt nicht, dass Sie etwas, das nach dem eigentlichen Interview gesagt worden ist, ohne Nachfrage verwerten. Aber es gibt Fälle, in denen ein Gesprächspartner erst aufblüht, nachdem das Gespräch beendet ist. Es kann nicht schaden, das "im Kasten" zu haben. Wer weiß, vielleicht stimmt er der Verwertung ja zu.

Erfahrene Videojournalisten nehmen auch stets etwas Material für Zwischenschnitte und Orientierungsbilder auf. Vor der Straßenbefragung filmen sie schonmal großräumig die Location ohne die Passanten - wo befinden wir uns da überhaupt? Wenn sie schon im Büro des CEO sind, halten sie auch die Aussicht aus der Chefetage auf das Werksgelände fest. Merken Sie später, dass Sie jetzt doch noch besser ein paar Bilder einfügen sollten, damit das Interview aufgelockerter wird, können Sie auf dieses Material zurückgreifen. Ansonsten packen Sie es einfach ins Archiv.

Auch beim Ton kann "Atmo" nicht schaden. Das gilt insbesondere, wenn Sie beabsichtigen, Zeitlupen oder Zeitraffer einzusetzen. Achten Sie mal darauf, welchen Ton es in der Sportschau oder im Aktuellen Sportstudio bei Zeitlupen-Wiederholungen von Torszenen gibt. Hat der Ton etwas mit dem Bild zu tun? Nein, hat er nicht. Das ist reine Atmo.

Nun noch ein wichtiger Hinweis: Bei Interviews passiert es sehr häufig, dass sich Gesprächspartner versprechen oder den Faden verlieren. Lassen Sie Kamera und Ton in diesem Fall ganz normal weiterlaufen, machen eine kleine Pause und stellen die Frage noch einmal. Später schneiden sie den misslungenen Abschnitt (alte Frage, alte Antwort) einfach heraus. Wenn Sie Interview-Teile aus dem Off einleiten (wie im Beispiel auf den Seite 125 und 126), also die Antworten wie Statements verwenden, dann haben Sie ohnehin kein Problem damit, einzelne "Absätze" aus dem Interview herauszufischen. Achten Sie allerdings darauf, dass Sie wirklich zwischen Absätzen und nicht zwischen Sätzen schneiden und erst recht nicht mitten im Satz - das wirkt manipulativ und hört sich unschön an.

Die Aufnahmetechnik

Wollen Sie eine Videoaufnahme erstellen, treffen Sie zunächst Entscheidungen, die Sie auch beim Fotografieren treffen würden. Sie wählen insbesondere ISO, Brennweite, Blende, Verschlusszeit, Automatik (P, A, S, M) und Auto- oder manueller Fokus, um die Belichtung, die Schärfe und die Schärfentiefe zu regeln. Selbst den Bildstabilisator Ihres Objektivs können Sie verwenden. Es gibt nur wenige Unterschiede:

- Sie können (technologisch bedingt zurzeit noch) nicht in RAW filmen. Stattdessen stellen Sie die Parameter der Aufnahme manuell ein; dazu gleich mehr.

- Der Einsatz des Kamerablitzes oder eines externen Blitzgeräts ist sinnlos. Ein Videolicht könnte hingegen hilfreich sein.

- Sie sollten der Kamera die Lichtsituation mitteilen (sogenannter Weißabgleich). Ist das Licht, das gerade vorherrscht, Tageslicht, Kunstlicht oder etwas anderes?

- Nutzen Sie beim Filmen (vor allem wenn sich Objekte bewegen) den Nachführ-Autofokus AF-C. Ist die Kamera in Bewegung, wäre die manuelle Fokussierung zu bevorzugen, damit der Autofokus nicht zu "pumpen" beginnt.

- Die Belichtungszeit sollte mit der Bildrate (siehe unten) konform gehen.

In Sachen Aufnahme und Ausgabe müssen Sie fünf Einstellungen vornehmen. Sie hängen alle voneinander ab, deswegen ist die Reihenfolge hier entscheidend.

Frage 1: Wollen Sie in Full HD oder 4K/UHD aufnehmen?

4K- oder UHD-Videos laufen nur auf 4K-Fernsehern und 4K-Monitoren. In aller Regel sollten zum jetzigen Zeitpunkt noch Videos in Full HD (1920 x 1080 Bildpunkte) ausreichen. Auch die Fernsehsender erstellen ihre Programme in diesem Format. Wenn Sie sichergehen wollen, können Sie aber in 4K aufnehmen, das Originalmaterial speichern und das Video dann in Full HD ausgeben.

Frage 2: Mit welcher Bildrate pro Sekunde (framerate, fps) wollen Sie filmen?

Dazu müssen Sie wissen: Je höher die Bildrate, desto flüssiger wirkt die Bewegung. Je höher die Bildrate, umso mehr Spielraum gibt es für Zeitlupen. Je höher die Bildrate, umso größer ist die Bandbreite der Ausgabeformate. Aber: Je höher die Bildrate, umso mehr Licht ist notwendig und umso kürzer ist die optimale Belichtungszeit, denn die ist s = 1 / (2 fps); 100 fps = 1/200 Sekunde, 25 fps = 1/50 Sekunde.

Zu berücksichtigen ist auch: Hohe Framerates von 100 fps brauchen Sie nur, wenn es um sehr schnelle Bewegungen geht, die Sie in extremer Zeitlupe zeigen wollen. Und: Alle Kameras, die Sie einsetzen, sollten auf die gleiche Framerate einstellbar (und eingestellt) sein. Und: Kamera-Framerate, Projekt-Framerate (im Schnittprogramm) und Ausgabe-Framerate sollten identisch sein. Die Empfehlung lautet daher: Filmen Sie grundsätzlich mit der Einstellung 50p.

Dann sind Sie voll in der PAL-Welt und außerdem im deutschen Stromnetz (50 Hz) - das ist wichtig, damit Sie keine Kunstlicht-Artefakte erhalten. Mit 50p kann Ihre

Belichtungszeit 1/100 Sekunde betragen; das ist ein Wert, mit dem man notfalls noch aus der Hand filmen kann (Bildstabilisator und nicht zu lange Brennweite vorausgesetzt). 50p bietet auch genug Reserven, um im Schnittprogramm (nicht an der Kamera!) Zeitlupen zu erzeugen: Achten Sie aber darauf, dass Sie zunächst 50 fps als Projekt-Framerate definieren und den Import Ihrer Aufnahmen erst anschließend durchführen. 50p ermöglicht auch einen Export mit 25 fps ohne Ruckeln, weil Aufnahme-fps geteilt durch Ausgabe-fps ganzzahlig ist und keine Kommastellen hat.

Frage 3: Mit welcher Bitrate sollen die Daten aufgezeichnet werden?

Die Antwortmöglichkeiten darauf sind schon sehr eingeschränkt. Schauen Sie einfach, welche Bitraten Ihre Kamera bei 50p anbietet. Bei der Alpha 6300 sind die Alternativen 50p28M und 50p50M. Die Werte hinter dem "50p" stehen für 28 bzw. 50 Megabit pro Sekunde. Je höher die Bitrate, umso besser ist die Qualität, denn das Video wird weniger komprimiert. Eine hohe Bitrate erzeugt aber auch größere Dateien und erfordert mehr Rechenleistung beim Dekodieren. Bei der Panasonic FZ-1000 und der LX-15 werden nur 28M angeboten. Die Empfehlung: Wählen Sie die größtmögliche Bitrate, die Ihre Kamera offeriert.

Frage 4: In welchem Videoformat soll aufgenommen werden?

Auch hierbei dürften nicht viele Optionen zur Verfügung stehen. Bei den eben genannten Kameras haben Sie die Wahl zwischen XAVC S HD und MP4 (Alpha 6300) bzw. AVCHD und MP4 (Panasonic). In beiden Fällen, bei Sony- und Panasonic-Kameras, sollten Sie nicht die MP4-Option, sondern

XAVCS (Sony) oder AVCHD (Panasonic) nutzen; die Qualität ist minimal besser.

Frage 5: In welchem Videoformat soll (durch Ihre Schnittsoftware) die Ausgabe erfolgen?

Das ist nun eine ganz andere Frage, die Sie ganz am Schluss, nach Fertigstellung Ihres Videos im Schnittprogramm, beantworten müssen. Das Ausgabeformat sollte sich nach der größtmöglichen Kompatibilität richten. Will heißen: Ihr Video muss auf allen Plattformen (YouTube, Vimeo, Websites) und auf allen Endgeräten (PC, Mac, iPhone, Android-Phone) laufen. Dazu muss man zwischen Codecs und Containern unterscheiden.

Ein Codec codiert das Video. Der meist verwendete Codec ist heute H.264 (das wird ohne den Punkt gesprochen). "H.264 ist ein Standard-Codec, der hohe visuelle Qualität mit effizienter Dateigröße kombiniert. Das ist ein guter Anfang, um deine Videos zu encodieren, da du so am meisten aus deiner Upload-Quote herausschlagen und gleichzeitig die Upload- und Konvertierungszeiten so niedrig wie möglich halten kannst.", heißt es bei YouTube. Der Nachfolger hat den Namen H.265, wird aber nur in Premium-Software unterstützt.

Auf der Container- (gleich FileFormat-) Seite ist mp4 die empfehlenswerte Einstellung. Eine Containerdatei ist wie ein Behälter, in dem die kodierten Video- (H.264) und Tondaten (meist AAC) zusammenführt werden. Ist der Kodierungsvorgang abgeschlossen, sind alle Bild-, Ton- und dazugehörige Steuerdaten fertig verpackt in einer Datei.

Teil 4: Videos schneiden

Sie haben diverse Einstellungen mit 50 Bildern pro Sekunde gedreht sowie den Ton getrennt aufgezeichnet und kommen nun an Ihren Schreibtisch zurück, um ein Video daraus zu erstellen? Bravo! Sie sind fast am Ziel. Alles was Sie jetzt noch brauchen, ist eine Schnittsoftware auf Ihrem PC oder Mac.

Welche Software?

Sollten Sie sich noch nicht in der Welt der Schnittprogramme auskennen, machen Sie sich jetzt auf eine Überraschung gefasst. Vielleicht kennen Sie diese Fernsehwerbung, in der zwei junge Männer auf Matratzen liegen. Der eine ist stolz darauf, Qualität gekauft zu haben, die freilich teuer war. Der andere sagt, "die beste jemals getestete Matratze kostet nur 199 Euro". Beides hat logisch nichts miteinander zu tun, wirkt aber.

Jetzt die Analogie: Das beste Schnittprogramm, das der Autor jemals genutzt hat, ...

... ist, schauen Sie genau hin, kostenlos.

Tatsächlich stellt die Firma Blackmagic Design aus Port Melbourne in Australien ihr Programm "DaVinci Resolve" als abgespeckte Version - sie ist für Ihre Zwecke völlig ausreichend - kostenlos zur Verfügung. Ohne Wenn und Aber, ohne Frist, ohne Wasserzeichen, ja sogar ohne jede Werbeeinblendung. Das ist Understatement! Einziger Nachteil: Die Menüs sind (noch) in englisch oder französisch, nicht in deutsch.

Sie finden einen Software-Link auf die jeweils aktuellste Version sowie Tipps zu Tutorials und YouTube-Videos auf der Website zum Buch unter www.justsoftskills.com. Dort gibt es auch Hinweise auf weitere empfehlenswerte Schnittprogramme für PC und Mac.

Im Folgenden sprechen wir nun darüber, wie Sie

- Ihre Aufnahmen korrigieren und schneiden,

- weitere Bild-Elemente hinzufügen,

- Übergänge gestalten,

- Titel und Untertitel ergänzen,

- die Tonspur erstellen

- und das Video ausgeben.

Auf den ersten Blick scheint das alles schwer zu sein. Sie werden aber sehr schnell verstehen, welche enormen Möglichkeiten Ihnen die Nachbearbeitung gibt. Jetzt ist Ihre kreative Zeit gekommen. Jetzt wird ein Produkt daraus. Folgen Sie daher einfach der folgenden stark vereinfachten Anleitung.

Ihre Aufnahmen korrigieren und schneiden

Der erste Schritt sollte darin bestehen, die Aufnahmen von Kamera(s) und Tonaufnahmegerät(en) in einen neuen Ordner auf Ihrer Festplatte zu kopieren - am besten, indem Sie die SD-Karten aus den Geräten herausnehmen und in eine USB 3.x-Lesegerät stecken.

Sowohl die Bild- wie auch die Tonaufzeichnungen können Sie anschließend in Ihrem Dateimanager kurz anspielen, um sich daran zu erinnern, was sich dahinter verbirgt. Sie sollten alle Dateien aussagekräftig benennen (und dabei die Dateiendungen unverändert lassen). Beispiel: B_IntervRektorTeil1 T_ IntervRektorTeil1; hier steht B_ für Bild und T_ für Ton.

Starten Sie nun DaVinvi Resolve, was einige Sekunden dauern kann, und legen Sie zunächst durch Klick auf das Zahnrad ganz rechts unten das Timeline-Format fest. Halten Sie sich an die Empfehlungen aus dem vorigen Abschnitt, sollten dies Ihre Eingaben sein:

Timeline Format

Timeline resolution	1920 x 1080 HD	⌄
	For 1920 x 1080 processing	
Pixel aspect ratio	● Square	
	16:9 anamorphic	
	4:3 standard definition	
	Cinemascope	
Timeline frame rate	50 ⌄ frames per second	
	Use drop frame timecode	
Playback frame rate	50 frames per second	
	Enable video field processing	

Bestätigen Sie die Eingaben mit "Save" (unten rechts). Bitte beachten Sie: Der Screenshot ist hier invertiert, damit Sie ihn besser erkennen können - das Fenster ist in Wirklichkeit schwarz.

DR hat mehrere Modi, nämlich Media, Edit, Fusion, Color, Fairlight und Deliver. Das ist zugleich ihr Workflow, also die Reihenfolge der Bearbeitung Gehen Sie zunächst in den Bereich "Media". Kopieren Sie alle Aufnahmen, die Sie für das Projekt benötigen, ob Audio oder Video, in den großen unteren Bildschirmbereich. Wechseln Sie anschließend in den Modus "Edit"; dort finden Sie diese Aufnahmen im "Master"-Fenster oben links wieder. Das Fenster ist nicht nur für Ihre Ausgangsdateien bestimmt: Sie legen dort auch Clips ab, die Sie bearbeitet haben und später verwenden wollen.

Ziehen Sie mit der Maus nun eine der Aufnahmen, zum Beispiel ein Interview, in die Timeline. Hier schneiden Sie die Videos zu Clips, fügen sie zusammen, synchronisieren den Ton, legen Titeleinblendungen fest und führen Bildkorrekturen durch. So entsteht nach und nach, was Sie später als Video ausgeben.

Kamera-Audio und das Bild sind im Moment noch gekoppelt; das zeigt das Zeichen neben dem Dateinamen.

Nehmen wir an, dass die Aufnahme in puncto Helligkeit oder Farbe korrigiert werden muss. Dann wäre es eine gute Idee, diese Korrekturen auf die noch ungeschnittene Aufnahme anzuwenden, unabhängig davon, was Sie davon später benutzen. Sonst haben Sie das Problem, dass Sie in allen Clips, die Sie anschließend aneinanderfügen, die gleiche Stimmung herbeiführen müssen, was arbeitsaufwändig ist und Ihnen kaum gelingen wird. Klicken Sie also die Aufnahme in der Timeline einmal an und wechseln Sie in den Color-Modus. Wenn Sie behutsam an der in der Mitte sichtbaren Kurve Änderungen vornehmen, erkennen Sie, welche Optionen Sie nun haben. Danach kehren Sie in den Edit-Modus zurück.

In der Timeline können Sie das aus der Aufnahme herausschneiden, was Sie nicht mehr benötigen. Da Bild und Ton verknüpft sind, erstreckt sich der Schnitt auf beide Spuren. Oberhalb der Timeline finden Sie dazu ein Rasierklingen Symbol. Klicken Sie es an (oder drücken Sie Taste B) und führen Sie die Maus über die (markierte) Aufnahme. Nun können Sie mit Mausklicks Schnitte vornehmen. Durch einen Schnitt wird die Aufnahme in *Clips* unterteilt. Beenden Sie den Vorgang, indem Sie wieder den Pfeil aktivieren (Taste A).

Sie können Clips, die Sie behalten wollen, mit der Maus in den Master-Bereich verschieben, um sie später zu verwenden. Klicken Sie aber danach unbedingt mit der rechten Maustaste auf den neuen Clip und geben ihm unter Clip Attributes / Name einen neuen Namen, sonst wissen Sie bald nicht mehr, was Sie da eigentlich gemacht haben.

Clips, die sie nicht mehr benötigen, löschen Sie in der Timeline, indem Sie sie anklicken und die Delete-Taste drücken. Die nachfolgenden Aufnahmen rücken dadurch auf.

Weitere Bildelemente hinzufügen

Clips können auch aus ganz anderen Quellen stammen.

- Zum Beispiel aus PowerPoint (Speichern unter jpg) oder FreeOffice Presentations (Export als Grafiken).

- Zum Beispiel aus einem Bildbearbeitungsprogramm. Jedes beliebige Foto (einschließlich Screenshots) kann in den Film integriert werden.

- Zum Beispiel von einem Screen-Recorder, mit dem Sie Abläufe auf Ihrem Computer-Monitor "mitschneiden" können. Den gibt es zwar als Freeware ("Flashback Express"), allerdings sind die fps dabei begrenzt. "Movavi Screen Recorder" oder "filmora scrn" sind Alternativen zum kleinen Preis. Mit diesen Tools können Sie auch TV-Sendungen "mitschneiden", die über IPTV, YouTube oder aus anderen Quellen kommen.

Übergänge gestalten

Generell schließen sich bei Dokumentarfilmen - Ihr Vorbild! - Szenen ohne Übergang (Überblendung) aneinander an. Es kann aber Fälle geben, in denen Sie solche Übergänge ganz bewusst einsetzen wollen.

Das könnte zum Beispiel am Anfang und am Ende eines Videos der Fall sein. Mit einem speziellen "Anfasser", den es nur an den beiden Enden des Videos gibt, können Sie das Bild langsam auf- oder abblenden. Entsprechendes gilt für die Tonspur. Siehe Abbildung oben auf der nächsten Seite!

Ein weiterer Grund für einen Übergang wäre zum Beispiel ein Zeitsprung. Sie zeigen Bilder von der alten Mittelschule, dann fügen Sie eine Blende ein, danach folgen die Videos von der neuen Mittelschule. Ebenfalls ein Grund: Sie schneiden aus einem Interview etwas heraus. Da der Kopf des Gesprächspartners nicht exakt an der Stelle ist, an der er vorher war, sieht das ohne Blende nicht gut aus.

In diesen Fällen fügen Sie aus dem Menü "Video Transitions" einen Übergang Ihrer Wahl ein und legen ihn einfach über die

Timeline. Der Übergang wird durch ein Fenster mit einer schrägen Linie symbolisiert. Die beiden Seiten des Fensters können Sie mit der Maus auf- und zuziehen, um den Übergang zu verkürzen oder zu verlängern.

Achten Sie bei der Auswahl des Übergangs aber darauf, dass er zu Ihrem Projekt passt. Und machen Sie die Übergänge nicht zu lang, eine halbe Sekunde reicht manchmal schon.

Titel und Untertitel ergänzen

Jetzt wird es Zeit, an Text in Ihrem Video zu denken. Da gibt es zunächst die sogenannten Bauchbinden: Dabei wird der Name des Gesprächspartners eingeblendet, wie in diesem Beispiel:

Dafür gibt es bei DaVinvi Resolve unter "Titles" die Option "Text". Sie können Text in allen erdenklichen Schriftarten und -größen an alle möglichen Positionen schieben.

Eine zweite Option besteht darin, Zitate oder Ähnliches in das Video einzublenden wie in diesem Beispiel:

Sie können übrigens auch Bilder in Bildern oder Powerpoint Charts in Bildern darstellen. Aber Sie sollten Ihr Projekt nicht überfrachten. Sehen Sie so etwas in Fernseh-Dokumentationen? Eher nicht.

Wenn Sie sollen, können Sie auch Titel und Abspänne generieren. Der Titel auf der folgenden Seite ist beispielsweise in wenigen Sekunden generiert; es handelt sich um den vom Programm angebotenen "Title Square Line Titling Text".

Auch der durchlaufende Abspann auf der nächsten Seite (es ist der Titel mit dem einfachen Namen "Scroll") ist in kürzester Zeit eingefügt und an Ihren Film angepasst. Auch hier können Sie im "Inspektor", das steht für Detaileinstellungen zu den einzelnen Tools, jede Menge weitere Einstellungen vornehmen.

ein Film von Werner Lauff

mit Dank an

Filmarchiv Babelsberg
Stadtarchiv der Stadt Düsseldorf

Die Tonspur erstellen

Nun steht Ihr Film samt Titel und Abspann, aber der Ton ist
noch nicht fertig. Die erste Maßnahme ist, den Ton aus Ihrem
Audio-Aufnahmegerät als weitere Tonspur in die Timeline
aufzunehmen und so lange zu verschieben, bis Bild und Ton
lippensynchron sind. Das dauert einen Moment, weil Sie zuletzt nur kleine Verschiebungen vornehmen, was tricky ist.

Haben Sie es geschafft, blenden Sie den Kameraton an dieser Stelle aus. Dazu gibt es mehrere Möglichkeiten. Entweder Sie schalten die ganze Tonspur stumm (mit einem Klick auf das M neben der Spur) oder Sie heben die Kopplung der Tonspur mit der Videospur auf, schneiden die Tonspur in drei Teile und reduzieren die Lautstärke in dem Teil auf null, in dem Sie den Audiogeräte-Ton verwenden. Das machen Sie, indem Sie die weiße horizontale Linie mit der Maus nach unten ziehen.

An vielen anderen Stellen in Ihrem Video werden Sie zusätzliche O-Töne oder Atmo platzieren wollen - ergänzen Sie dazu einfach weitere Tonspuren. Auch Sie selbst erhalten eine eigene Tonspur, wenn Sie denn Videos mit einer Kommentierung aus dem Off erstellen. Gehen wir nochmal auf das Beispiel von Seite 125 / 126 zurück. So würde der Tonablauf sein; Die O-Töne 1 und 2 kommen unterschiedlichen Personen, deren Namen mit Bauchbinden eingefügt werden.

OFF Die Schüler der Mittelschule jedenfalls sind sich einig: Mit so einem tollen Gebäude hatten sie nicht gerechnet. Das hat allerdings auch eine Stange Geld gekostet.

O-TON 1 Die Schule hat 12 Millionen Euro gekostet. Aber wir haben viele Zuschüsse vom Land erhalten.

O-TON 2 Die Renovierung der alten Schule wäre teurer gewesen. Allein der Brandschutz hätte Millionen verschlungen. Die Aula müssen Sie eigentlich abziehen; die wird ja auch als Stadtsaal genutzt.

OFF Und die ist für die nächsten Monate schon fast ausgebucht. Bürgerversammlungen, Fasching, Kabarett. Die Stadt hat lange auf so einen Saal gewartet.

O-TON Bisher hatten wir nur unser Sportzentrum. Da roch es aber immer nach Schweiß.

Und was ist mit Musik? Generell gilt: In einem so kurzen und "geschäftlichen" Video, wie Sie es erstellen, ist Musik eher unüblich. Wenn Sie allerdings eine längere Dokumentation erstellen und Sie haben lange Szenen darin, in denen niemand spricht, dann kommen Sie um Musik nicht herum.

Schauen Sie sich in diesem Fall mal in der Audio Library von YouTube um. Das erfordert, das Sie sich kostenlos als "Creator" bei dem Dienst anmelden, aber das empfiehlt sich ohnehin, falls Sie einen YouTube-Kanal für Ihr Unternehmen oder Ihre Behörde betreiben wollen. Dort finden Sie eine Menge Instrumentalmusik zur Untermalung von Videosequenzen, die Sie entweder mit oder ohne Namensnennung der Urheber verwenden dürfen. Bedenken Sie dabei bitte: Ein paar Fetzen Musik, die dann gleich wieder ausgeblendet werden, nutzen Ihnen nichts, das macht die Zuschauer nur nervös; es muss schon etwas mehr sein. Und: Achten Sie beim Schnitt darauf, dass der Videoinhalt taktgenau ("auf 1") wechselt.

Musik aus anderer Quelle dürfen Sie nur verwenden, wenn Sie die entsprechenden Rechte gekauft haben. Das gilt auch für "GEMA-freie" Musik. Bei der können Sie übrigens nicht immer sicher sein, dass nicht andere Verwertungsgesellschaften doch Rechteverwerter für diese Stücke sind und sich plötzlich bei Ihnen melden.

Das Video ausgeben

Nun kommt noch der letzte Schritt und er ist der einfachste. Entsprechend der oben bereits gegebenen Empfehlung exportieren Sie Ihr Video im Container-Format MP4 mit dem Codec H.264 - und zwar im ersten Schritt in der Qualität "best". Bitte beachten Sie, dass Sie in DaVinci Resolve (ganz unten im Video-Reiter) den Haken beim Untertitel-Export setzen und dazu "Burn (Subtitles) into Video" wählen müssen.

Nun kann noch eine weitere Abspeicherung notwendig sein, nämlich dann, wenn das Video auf Ihrer Website oder auf einer Online-Plattform wie YouTube erscheinen soll. Es geht um eine Begrenzung der Dateigröße. Zwar müssen User die Datei nicht herunterladen; sie wird konsekutiv gestreamt. Dennoch verlangen viele Systemadministratoren eine Begrenzung auf 10.000 Kilobit pro Sekunde; das ist auch die für YouTube und Vimeo in DaVinci Resolve voreingestellte Grenze. Außerdem empfiehlt es sich in diesem Fall, die Bildrate auf 25 fps zurückzustellen.

Vertiefungen

Dieses Buch ist bewusst schmal und preiswert gehalten. Es hat das aufgenommen, was Sie für das Erstellen und Bearbeiten von Fotos und Videos in Wirtschaft und Verwaltung wirklich benötigen. Das kann man nun zum einen noch stärker auf Ihr Unternehmen und Ihre Behörde herunterbrechen; dazu gibt es Praxistrainings (Seite 158) und Beratungsangebote (Seite 159). Zum anderen haben Sie die Möglichkeit, sich auf der Website justsoftskills.com mit weiteren Themen zu befassen, die hier den Rahmen gesprengt hätten (Seite 159).

Ein Praxistraining buchen

Vertiefen Sie alle Themen dieses Leitfadens, indem Sie ein zweitägiges In-House-Training mit dem Autor Werner Lauff buchen!

Es findet in Ihrem Unternehmen oder Ihrer Behörde statt; bis zu sechs Personen aus Ihrem Haus können teilnehmen.

Das Training orientiert sich vor allem an den Ereignissen, Aufgaben und Themen, die Sie typischerweise während eines Jahres fotografisch oder mit Videos begleiten. Für diese Events entwerfen Sie mit dem Autor redaktionelle Konzepte der möglichen Einstellungen. Anschließend spielen Sie unter seiner Anleitung durch, wie Sie die Fotos am besten aufnehmen und nachbearbeiten bzw. wie Sie die Videos am effektivsten konzipieren, drehen und schneiden.

Sie können beim Praxistraining, soweit verfügbar, eigenes (dienstliches) Equipment einsetzen oder die Ausrüstung benutzen, die der Autor mitbringt - das sind drei Kameras, drei Stative und je ein Laptop mit aufgespielter Bildbearbeitungs- bzw. Videoschnittsoftware.

Außer einem großen Sitzungsraum für die Übungen und etwas Verpflegung sind Ihrerseits keine weiteren Voraussetzungen zu erfüllen.

Die beiden Seminartage (jeweils 9 bis 17 Uhr) schließen unmittelbar aneinander an. Das Honorar beträgt 5.000 Euro plus Umsatzsteuer. Damit sind alle Kosten, auch Reisekosten, abgedeckt. Wenden Sie sich bei Interesse bitte an die E-Mail-Adresse lauff@lauff.org.

Konzeptionelle Zusammenarbeit

Eine zweite Möglichkeit zur Vertiefung besteht darin, den Autor in die "Regie" zur Foto- und Videoberichterstattung über eine wichtige Veranstaltung Ihres Unternehmens oder Ihrer Behörde einzubinden. Nur was geplant ist, findet auch statt. Und nur was erprobt ist, funktioniert auch am Tag X.

Die Beratung erstreckt sich auf drei Zeitbereiche: Die frühzeitige, vorbereitende Abdeckung des Events, beispielsweise durch Trailer, die Live-Coverage des Ereignisses und die klassische nachträgliche Foto- und Videoberichterstattung. Die Zusammenarbeit beginnt mit einem eintägigen Briefing in Ihrem Haus und erstreckt sich bis einen Monat nach dem Event. Wenden Sie sich bei Interesse bitte an die E-Mail-Adresse lauff@lauff.org.

Die Website zum Buch

Auf der Website zum Buch, unter www.justsoftskills.com, finden Sie

- das begleitende PDF mit den Farbfotos, die in diesem Buch erwähnt sind, zum kostenlosen Download

- eine Tabelle der Einstellungen, die der Autor an seiner Alpha 6300 vorgenommen hat

- Links zu den erwähnten kostenlosen und kostenpflichtigen Programmen

- Amazon-Links auf Produkte, die in diesem Buch empfohlen sind.

- Hinweise auf Tutorials und YouTube-Videos zur Videoschnittsoftware DaVinci Resolve

- Hinweise und Links auf andere Schnittprogramme

- und weitere Themen, die den Rahmen dieses Buchs gesprengt hätten.

Auch lesenswert: